徐志摩纪念馆 Xu Zhimo's Memorial Hall

回望徐志摩

罗烈弘 陈武 主编

怀念徐志摩

陈武 编

中国文史出版社

图书在版编目（CIP）数据

怀念徐志摩 / 陈武编 . -- 北京：中国文史出版社，2021.11

（回望徐志摩）

ISBN 978-7-5205-3562-5

Ⅰ . ①怀… Ⅱ . ①陈… Ⅲ . ①徐志摩（1896–1931）—纪念文集 Ⅳ . ① K825.6–53

中国版本图书馆 CIP 数据核字 (2022) 第 108629 号

责任编辑：金　硕　胡福星

出版发行	中国文史出版社
社　　址	北京市海淀区西八里庄路 69 号院　邮编 :100142
电　　话	010–81136606 81136602　81136603 81136605（发行部）
传　　真	010–81136655
印　　装	阳谷毕升印务有限公司
经　　销	全国新华书店
开　　本	880 × 1230　1/32
印　　张	8.75
字　　数	130 千字
版　　次	2022 年 9 月北京第 1 版
印　　次	2022 年 9 月第 1 次印刷
定　　价	56.00 元

目　录

CONTENTS

纪念文

纪念文

哭摩

陆小曼

我深信世界上怕没有可以描写得出我现在心中如何悲痛的一支笔。不要说我自己这支轻易也不能动的一支。可是除此我更无可以泄我满怀忧伤的心的机会了，我希望摩的灵魂也来帮我一帮。苍天给我这一霹雳直打得我满身麻木得连哭都哭不出，浑身只是一阵阵地麻木。几日的昏沉直到今天才醒过来知道你是真的与我永别了。摩！慢说是你，就怕是苍天也不能知道我现在心中是如何的疼痛，如何的悲伤！从前听人说起“心痛”我老笑他们虚伪，我想人的心怎会觉得痛，这不过说说好听而已，谁知道我今天才真的尝着这一阵阵心中绞痛似的味儿了，你知道么？曾记得当初我只要稍有不适即有你声声在旁慰问，咳，如今我即使痛死也再没有你来低声下气的慰问了。摩，你是不是真的忍心永远地抛弃我了么？你从前不是说你我最后的呼吸也须要连在一起才不负你我相爱之情么？你为甚不早些告诉你是要飞去呢？直到如今我还是不信你真的是飞了，我还是在这儿天天盼望着你回来陪我呢，你快点将未了的事情办一下，来同我一同去到云外优游去吧，你不要一个人在外逍遥，忘记了闺中还有我等着呢。

这不是做梦么，生龙活虎似的你倒先我而去，留着一个病恹恹的我单独与这满是荆棘的前途来奋斗。志摩，这不是太惨了么？我还留恋些什么？可是回头看看我那苍苍白发的老娘，我不由一阵阵只是心酸，也不敢再羡你的清闲爱你的优游了，我再哪儿有这勇气，去丢她这个垂死的人而与你双双飞进这云天里去围绕着灿烂的明星跳跃，忘却人间有忧愁有痛苦，像只没有牵挂的梅花鸟。这类的清福怕我还没有缘去享受！我知道我在尘世间的罪还未满，尚有许多的痛苦与罪孽还等着我去忍受呢。我现在唯一的希望你倘能在一个深沉的黑夜里，静静凄凄地放轻了脚步走到我枕边给我些无声的私语让我在梦魂中知道你！我的大大是回家来探望你那忘不了你的爱着了，那时间，我决不张皇！你不要慌，没有人会来惊扰我们的。多少你总得让我再见一见你那可爱的脸我才有勇气往下过这寂寞的岁月，你来吧，摩！我在等着你呢。

事到如今我一些也不怨，怨谁好？恨谁好？你我五年的相聚只是幻影，不怪你忍心去，只怪我无福留，我是太薄命了，十年来受尽千般的精神痛苦，万样的心灵摧残，直将我这一颗心打得破碎得不可收拾，到今天才真变了死灰的了也再不会发出怎样的光彩了。好在人生刺激与柔情我也曾尝味，我也曾容忍过了，现在又受到了人生最可怕的死别。不死也不免是朵憔萎的花瓣再见不着阳光晒也不见甘露漫了。从此我再不能知道世间有我的笑声了。

经过了许多的波折与艰难才达到了结合的日子，你我那时快乐直忘记了天有多高地有多厚，也忘记了世界上有忧愁二字，快活的日子过得与飞一般的快，谁知道不久我们又走进愁城。病魔不断地来缠着我，它带着一切的烦恼，许多的痛苦，那时间我身体上受到不可言语的沉痛，你精神上也无端地沉入忧闷，我知道你见我病身吟呻，转侧床第，你心坎里有说不出的怜惜，满肠中有无限的伤感，你虽慰我，我无从使你再有安逸的日子，摩，你为我荒废了你的诗意，失却了你的文兴，受着一般人的笑骂，我也只是在旁默默自恨，再没有法子使你像从前的欢笑。谁知你不顾一切的还是成天安慰我，叫我不要因为生些病就看得前途只是黑暗，有你永远在我身边不要再怕一切无味闲论。我就听着你静心平气地养，只盼着天可怜我们几年的奋斗，给我们一个安逸的将来，谁知到如今一切都是幻影，我们的梦再也不能实现了，早知有今日何必当初你用尽心血地将我抚养呢？让我前年病死了，不是痛快得多么？你常说天无绝人之路，守着好了，哪知天竟绝人如此，哪儿还有我可以平坦着走的道儿？这不是命么？还说什么？摩，不是我到今天还在怨你，你爱我，你不该轻身，我为你坐飞机，吵闹不知几次，你还是忘了我的一切叮咛，瞒着我独自飞上天去了。

完了，完了，从此我再听不见你那叽咕小语了，我心里的悲痛你知道么？我的破碎的心留着等你来补呢，你知道么？唉，你的灵魂也有时归来见我么？那天晚上我在朦胧中见着你往我身边跑，只是一霎眼就不见了，等我跳着，叫着你，再也不见一些模糊的影子了，咳，你叫我从此怎样度此孤单的岁月呢，真是叫天天不应，叫地地不响，苍天因何给我这样残酷的刑罚呢！从此我再不信有天道，有人心，我恨这世界，我恨天，恨地，我一切都恨，我恨他们为什么抢了我的你去，生生地将我们一颗碰在一起的心离了开去，从此叫我无处去摸我那一半热血未干的心，你看，我这一半还是不断流着鲜红的血，流得满身只成了个血人，这伤痕除了那一半的心回来补，还有什么法子叫她不滴滴地直流呢？痛死了有谁知道，终有一天流完了血自己就枯萎了。若是有时候你清风一阵地吹回来见着我成天为你滴血的一颗心，不知道又要如何的怜惜何等的张皇呢！我知道你又直着两个小猫似眼珠儿乱叫乱叫着、看看的了，我希望你叫高声些，让我好听得见，你知道我现在只是一阵阵糊涂，有时人家大声地叫着我，我还是东张西望不知道声音是何处来的呢，大大，若是我正在接近着梦境，你也不要怕扰了我梦魂像平常人的不敢惊动我，你知道我再不会骂你了，就是你扰我从此不睡我也不敢再怨了，因为我只要再能得到你一次的扰，我就可以责问他们因你骗我说你不再回来，让他们看看我的摩还是丢不了我，乖乖地又回来陪伴着我了，这一回我可一定紧紧地搂抱你再不能叫你飞出我的怀抱了。天呀！可怜我，再让你回来一次吧！我没有得罪你，为什么罚我呢？摩！我这儿叫你呢，我喉咙里叫得直要冒血了，你难道还没有听见么？直叫到铁树开花，枯木发声，我还是忍心着等，你一天不回来，我一天的叫，等着我哪天没有了气我才甘心地丢开这唯一的希望。

你这一走不单是碎了我心，也收了许多朋友不少伤感的痛泪。这一下真使我们感觉到人世的可怕，世道的险恶，没有多少日子竟会将一个最纯白最天真一个不可多见的人收了去，与人世永诀。在你也许到了天堂，在那儿还一样过你的欢乐日子，可是你将我从此就断送了，你从前不是说要我清风似的常在你的左右么？好，现在倒是你先化作一阵清风飞去天边了，我盼你有时也吹回来帮着我做些未了的事情，要是你有耐心的话，最好是等着我将人事办完了同着你一同化风飞去，让朋友们永远只听见我们的风声而不见我们的人影，在黑暗里我们好永远逍遥自由地飞舞。

我真不明白你我在佛经上是怎样一种因果，既有缘相聚又因何中途分散，难道说这也有一定的定数么？记得我在北平的时候，那时还没有认识你，我是成天地过着那忍泪假笑的生活，我对人老含着一片至诚纯白的心而结果反遭不少人的讥诮，竟可以说没有一个人能明白我，能看透我。一个人遭着不可言语的痛苦，当然不由地生出厌世之心，所以我一天天的只是藏起了我的真实的心而拿一个虚伪的心来对付这混浊的社会，也不希望再有人来能真直的认识我明白我。甘心愿意从此自相摧残地快快了此残生，谁知道就在那时候遇见了你，真如同在黑暗见着了一线光明，垂死的人又透了一口气，生命从此转了一个方向。摩摩，你的明白我，真可算是透切极了，你好像是成天钻在我的心房里似的，直到现在还只是你一个人是真还懂得我的。我记得我每遭人辱骂的时候你老是百般地安慰我，使得我不得不对你生出一种不可言喻的感觉，我老说，有你，我还怕谁骂，你也常说，只要我老明白你，你的人是我一个人的，你又为什么要去顾虑别人的批评呢？所以我哪怕成天受着病魔的缠绕也再也不敢有所怨恨的了。我只是对你满心的歉意，因为我们理想中的生活全被我的病魔来打破，连累着你成天也过那愁闷的日子。可是二年来我从未见你有一些怨恨，也不见你因此对我稍有冷淡之意。也难怪文伯要说，你对我的爱是 complete and true 的了，我只怨我真是无以对你，这，我只好报之于将来了。

我现在不顾一切往着这满布荆棘的道路上去走，去寻一点真实的发展，你不是常怨我跟你几年没有受着一些你的诗意的陶镕么？我也实在是惭愧，真也辜负你一片至诚的心了，我本来一百个放心，以为有你永久在我身边，还怕将来没有一个成功么？谁知现在我只得独自奋斗，再不能得你一些相助了，可是我若能单独撞出一条光明的大路也不负你爱我的心了，愿你的灵魂在冥冥中给我一点勇气，让我在这生命的道上不感受到孤立的恐慌。我现在很决心地答应你从此再不张着眼睛做梦躺在床上乱讲，病魔也得最后与它决斗一下，不是它生便是我倒，我一定做一个你一向希望我所能成的一种人，我决心做人，我决心做一点认真的事业，虽然我头顶只见乌云，地下满是黑影，可是我还记得你常说："受苦的人没有悲观的权力。"一个人决不能让悲观的慢性病侵蚀人的精神，同厌世的恶质染黑人的血液。我此后决不再病（你非暗中保护不可），我只叫我的心从此麻木，再不在问世间有恋情，人们有欢娱，我早打发我心，我的灵魂去追随你的左右，像一朵水莲花拥扶着你往白云深处去缭绕，决不回头偷看尘间的作为，留下了我的躯壳同生命来奋斗，等到战胜的那一天，我盼你带着悠悠的乐声从一团彩云里脚踏莲花瓣来接我同去永久地相守，过吾们理想中的岁月。

一转眼，你已经离开了我一个多月了，在这段时间我也不知道是怎样地过来的，朋友们跑来安慰我，我也不知道是说什么好，虽然决心不生病，谁知一直到现在它也没有离开过我一天，摩摩，我虽然下了天大的决心，想与你争一口气，可是叫我怎受得了每天每时悲念你时的一阵阵心肺的绞痛，到现在有时想哭眼泪干得流不出一点；要叫，喉中痛得发不出声，虽然他们成天地逼我喝一碗碗的苦水，也难以补得了我心头的悲痛，怕的是我恹恹的病体再受不了那岁月的摧残，我的爱，你叫我怎样忍受没有你在我身边的孤单。你那幽默的灵魂为什么这些日也不给我一些声响？我晚间有时也叫他们走开，房间不让有一点声音，盼你在人静时给我一些声响，叫我知道你的灵魂是常常环绕着我，也好叫我在茫茫前途感觉到一点生趣，不然怕死也难以支持下去了。摩！大大！求你显一显灵吧，你难道忍心真的从此不再同我说一句话了么？不要这样地苛酷了吧！你看，我这孤单的人影从此怎样地去撞这艰难的世界？难道你看了不心痛么？你一向爱我的心还存在么？你为什么不响？大！你真的不响了么？

（原载《新月》第四卷第一期）

遗文编就答君心

——记《志摩全集》编排经过

陆小曼

我想不到在“百花齐放”的今天，会有一朵已经死了二十余年的“死花”再度复活，从枯萎中又放出它以往的灿烂光辉，让人们重见到那朵一直在怀念中的旧花的风姿。这不仅是我意想不到的，恐怕有许多人也想不到的，所以我拿起笔来写这篇文章的时候，连我自己都不知自己心中是甚么味儿，又是欢欣，又是愧恨。我高兴的是盼望了二十多年的事情，今天居然实现了。我首先要感谢共产党！若是没有毛主席提出了百花齐放、百家争鸣的方针，恐怕这朵被人们遗忘的异花，还是埋葬在泥土下呢！

这些年来，每天缠绕在我心头的，只是这件事。几次重病中，我老是希望快点好——我要活，我只是希望未死前能再看到他的作品出版，可以永远地在世界上流传下去。这是他一生的心血，他的灵魂，绝不能让它永远泯灭！我怀着这个愿望活着，每天在盼望它的复活。今天居然达到了我的目的，在极度欢欣与感慰下，没有任何一个字可以代表我内心的狂欢。可是在欢欣中我还忘不了愧恨，恨我没有能力使它早一点复活。我没有好好地尽职，这是我心上永远不能忘记的遗憾。

照理来说，他已经去世了整整二十六年了，他的书早就该出的了，怎会一直拖延到今天呢？说来话长。在他遇难后，我一直病倒在床上有一年多。在这个时间，昏昏沉沉，什么也没有想到。病好以后，赵家璧来同我商议出版全集的事，我当然是十分高兴，不过他的著作，除了已经出版的书籍，还有不少散留在各杂志及刊物上，需要到各方面去收集。这不是简单的事，幸而家璧帮助我收集，许多时候才算完全编好，一共是十本。当时我就与商务印书馆订了合同，一大包稿子全部交出。等到他们编排好，来信问我要不要自己校对的时候，我记得很清楚，抗战已经快要开始了，我又是卧病在床。他们接到我的回信后，就派人来同我接洽，我还是在病床上与他们接洽的！我答应病起后立刻就去商务印书馆看排样。可是没有几天，我在床上就听得炮弹在我的房顶上飞来飞去。“八一三”战争在上海开始了。

我那时倒不怕头上飞过的炮弹，我只是怕志摩的全集会不会因此而停止出版。那时上海的人们都是在极度紧张的情况下，一天天地过去，我又是在床一病三月多不能起身，我也只能干着急，一点办法也没有。一直到我病好，中国军队已从上海撤退。再去“商务”问信，他们已经在预备迁走，一切都在纷乱的状态下，也谈不到出版书的问题了。他们只是答应我，一有安定的地方是会出的。我怀着一颗沉重的心回到家里，前途一片渺茫，志摩的全集初度投入了厄运，我的心情也从此浸入了忧怨中。除了与病魔为伴，就是成天在烟云中过着暗灰色的生活。一年年过去，从此与“商务”失去了联系。

好容易八年的岁月终算度过，胜利来到，我又一度地兴奋，心想这回一定有希望了。我等到他们迁回时，怀着希望，跑到商务印书馆去询问，几次地奔跑，好容易寻到一个熟人，才知道他们当时匆匆忙忙撤退的时候是先到香港，再转重庆。在抗战时候，忙着出版抗战刊物，所以就没有想到志摩的书，现在虽然迁回，可是以前的稿子，有许多连他们自己人都不知道在什么地方。志摩的稿子，可能在香港，也可能在重庆，要查起来才能知道这一包稿子是否还存在。八九年来所盼望的只是得到这样一个回答，我走出“商务”的门口，连方向都摸不清楚了，自己要走到什么地方去都不知道了，我说不出当时的情绪，我不知道想什么好！我怨谁？我恨谁？我简直没有法子形容我那时的心情，我向谁去诉我心中的怨愤？在绝望中，我只好再存一线希望——就是希望将来还是能够找到他的原稿，因为若是全部遗失，我是再没有办法来收集了，因为我家里已经什么也没有了。

那时我心里只是怕，怕他的作品从此全部遗失，可是我又有甚么办法呢？除了多次地催问，那些办事的人又是那样不负责任，你推我，我推你，有时我简直气得要发疯，恨不得打人。最后我知道朱经农当了“商务”的经理，我就去找他，他是志摩的老朋友。总算他尽了力，不久就给我一封信，说现在已经查出来，志摩的稿子并没有遗失，还在香港，他一定设法在短时期内去找回来。这一下我总算稍微得到一点安慰，事情还是有希望的，不过这时已经是胜利后的第三年了。我三年奔走的结果，算是得到了一个确定的答复。这时候，除了耐心地等待，只有再等待，催问也是没有用的。所以我平心静气地坐在家里老等——等——等。一月一月地过去还是没有消息，我也不知道为什么这样地慢，我急在心里；他们慢，我又有什么办法?

谁知道等来等去，书的消息没有，解放的消息倒来了。当然上海有一个时期的混乱，我这时候只有对着苍天苦笑！用不着说了，志摩的稿子是绝对不会再存在的了，一切都绝望了！我还能去问谁？连问的门都摸不着了。

1950 年我又大病一场，在床上整整睡了一年多。在病中，我一想起志摩生前为新诗创作所费的心血，为了新文艺奋斗的努力，有时一直写到深夜，绞尽脑汁，要是得到一两句好的新诗，就高兴得像小孩子一样地立刻拿来我看，娓娓不倦地讲给我听，这种情形一幕幕地在我眼前飞舞，而现在他的全部精灵蓄积的稿子都不见了，恐怕从此以后，这世界不会再有他的作品出现了。想到这些，更增加我的病情，我消极到没法自解，可以说，从此变成了一个傻瓜，什么思想也没有了。

呆头木脑地一直到1954年春天，在一片黑沉沉的云雾里又闪出了一缕光亮。我忽然接到北京“商务”来的一封信，说志摩全集稿子已经寻到了，因为不合时代性，所以暂时不能出版，只好同我取消合同，稿子可以送还我。这意想不到的收获使我高兴得一句话也说不出，心里不断地念着：还是共产党好，还是共产党好！我这一份感谢的诚意是衷心激发出来的。回想在抗战胜利后的四年中，我奔来奔去，费了许多力也没有得到一个答复，而现在不费一点力，就得到了全部的稿子同版型，只有共产党领导，事情才能办得这样认真，我知道，只要稿子还在，慢慢地一定会有出版机会。我相信共产党不会埋没任何一种有代表性的文艺作品的。一定还有希望的，这一回一定不会让我再失望的，我就再等待罢！

果然，今天我得到了诗选出版的消息！不但使我狂喜，志摩的灵魂一定更感快慰，从此他可以安心地长眠于地下了。诗集能出版，慢慢地，散文、小说等，一定也可以一本本地出版了。本来嘛，像他那样的艺术结晶是绝不会永远被忽视的，只有时间的迟早而已。他的诗，可以说，很早就有了一种独特的风格，每一首诗里都含有活的灵感。他是一直在大自然里寻找他的理想的，他的本人就是一片天真浑厚，所以他写的时候也是拿他的理想美景放在诗里，因此他的诗句往往有一种天然韵味。有人说，他擅写抒情诗，是的，那时他还年轻，从国外回来的时候，他是一直在寻求他理想的爱情，在失败时就写下了许多如怨如诉的诗篇，成功时又凑了些活泼天真、满纸愉快的新鲜句子，所以显得有不同的情调。

说起来，志摩真是一个不大幸运的青年，自从我认识他之后，我就没有看到他真正地快乐过多少时候。那时他不满现实，他也是一个爱国的青年，可是看到周围种种黑暗的情况（在他许多散文中可以看到他当时的性情），他就一切不问不闻，专心致志在爱情里面，他想在恋爱中寻找真正的快乐。说起来也怪惨的，他寻找了许多时候的“理想的快乐”，也只不过像昙花一现，在短短的一个时期中就消灭了。这是时代和环境所造成的，我同他遭受了同样的命运。我们的理想快乐生活也只是在婚后实现了一个很短的时期，其间的因素，他从来不谈，我也从来不说，只有我们二人互相了解，其余是没有人能明白的。我记得很清楚，有时他在十分烦闷的情况下，常常同我谈起中外的成名诗人的遭遇。他认为诗人中间很少寻得出一个圆满快乐的人，有的甚至于一生不得志。他平生最崇拜英国的雪莱,尤其奇怪的是他一天到晚羡慕他覆舟的死况。他说:“我希望我将来能得到他那样刹那的解脱，让后世人谈起就寄予无限的同情与悲悯。”他的这种议论无形中给我一种对飞机的恐惧心，所以我一直不许他坐飞机，谁知道他终于还是瞒了我愉快地去坐飞机而丧失了生命。这真是一件不可思议的事。

今天的新诗坛又繁荣起来了，不由我又怀念志摩，他若是看到这种情形，不知道要快活得怎样呢！ 我相信他如果活到现在，一定又能创造一个新的风格来配合时代的需要，他一定又能大量地产生新作品。他的死不能不说是诗坛的大损失，这种遗憾是永远没法弥补的了。

1957 年 2 月，上海

（选自《新文学史料》1981 年 4 期）

泰戈尔在我家做客

——兼忆志摩

陆小曼

志摩是个对朋友最热情的人，所以他的朋友很多，我家是常常座上客满的；连外国朋友都跟他亲善，如英国的哈代、狄更生、迦耐脱，尤其是我们那位印度的老诗人泰戈尔 (Rabindranath Tagore，1861—1941) 同他的感情更为深厚。从泰戈尔初次来华，他们就订下了深交 (那时我同志摩还不相识)。老头子的讲演都是志摩翻译的，并且还翻了许多诗。在北京他们是怎样在一块儿盘桓，我不大清楚。后来老诗人走后不久，我同志摩认识了，可是因为环境的关系，使我们不能继续交往，所以他又一次出国去。他去的目的就是想去看看老诗人，诉一诉他心里累积的愁闷，准备见着时就将我们的情形告诉他。后来因为我患重病，把志摩从欧洲请了回来，没有见到。但当老诗人听到了我们两人的情况，非常赞成，立刻劝他继续为恋爱奋斗，不要气馁。我们结婚后，老诗人一直来信说要来看看我。事前他来信说，这次的拜访只是来看我们两人，他不要像上次在北京时那样大家都知道，到处去演讲。他要静悄悄地在家住几天，做一个朋友的私访。大家谈谈家常，亲亲热热的像一家人，愈随便愈好。虽然他是这样讲，可是志摩就大动脑筋了。对印度人的生活习惯，我是一点都不知道，叫我怎样招待？准备些什么呢？志摩当然比我知道得多，他就动手将我们的三楼布置成一个印度式房间，里边一切都模仿印度的风格，费了许多心血。我看看倒是别有风趣，很觉好玩。忙了好些天，总算把他盼来了。

那天船到码头，他真的是简单得很，只带了一位秘书叫 Chanda，是一个年轻小伙子，我们只好把他领到旅馆里去开了一个房间，因为那间印度式房间只可以住一个人。谁知这位老诗人对我们费了许多时间准备的房间倒并不喜欢，反而对我们的卧室有了好感。他说，“我爱这间饶有东方风味、古色古香的房间，让我睡在这一间吧！”真有趣！他是那样的自然、和蔼，一片慈爱地抚着我的头管叫我小孩子。他对我特别有好感，我也觉得他那一头长长的白发拂在两边，一对大眼睛晶光闪闪的含着无限的热忱对我看着，真使我感到一种说不出的温暖。他的声音又是那样好听，英语讲得婉转流利，我们三人常常谈到深夜不忍分开。

虽然我们相聚了只有短短两三天，可是在这个时间，我听到了许多不易听到的东西，尤其是对英语的进步是不可以计算了。他的生活很简单，睡得晚，起得早，不愿出去玩，爱坐下清谈，有时同志摩谈起诗来，可以谈几个钟头。他还常常把他的诗篇读给我听，那一种音调，虽不是朗诵，可是那低声的喃喃吟唱，更是动人，听得你好像连自己的人都走进了他的诗里边去了，可以忘记一切，忘记世界上还有我。那一种情景，真使人难以忘怀，至今想起还有些神往，比两个爱人喁喁情话的味儿还要好得多呢！

在这几天中，志摩同我的全副精神都溶化在他一个人身上了。这也是我们婚后最快活的几天。泰戈尔对待我俩像自己的儿女一样地宠爱。有一次，他带我们去赴一个他们同乡人请他的晚餐，都是印度人。他介绍我们给他的乡亲们，却说是他的儿子媳妇，真有意思！在这点上可以看出他对志摩是多么喜爱。

追悼志摩

胡　适

悄悄的我走了，
正如我悄悄的来；
我挥一挥衣袖，
不带走一片云彩。

——《再别康桥》

志摩这一回真走了！可不是悄悄的走。在那淋漓的大雨里，在那迷蒙的大雾里，一个猛烈的大震动，三百匹马力的飞机碰在一座终古不动的山上，我们的朋友额上受了一下致命的撞伤，大概立刻失去了知觉。半空中起了一团天火，像天上陨了一颗大星似的直掉下地去。我们的志摩和他的两个同伴就死在那烈焰里了！

我们初得着他的死信，都不肯相信，都不信志摩这样一个可爱的人会死得这么惨酷。但在那几天的精神大震撼稍稍过去之后，我们忍不住要想，那样的死法也许只有志摩最配。我们不相信志摩会“悄悄的走了”，也不忍想志摩会死一个“平凡的死”，死在天空之中，大雨淋着，大雾笼罩着，大火焚烧着，那撞不倒的山头在旁边冷眼瞧着，我们新时代的新诗人，就是要自己挑一种死法，也挑不出更合适，更悲壮的了。

志摩走了，我们这个世界里被他带走了不少云彩。他在我们这些朋友之中，真是一片最可爱的云彩，永远是温暖的颜色，永远是美的花样，永远是可爱。他常说：

我不知道风

是在哪一个方向吹——

我们也不知风是在哪一个方向吹，可是狂风过去之后，我们的天空变惨淡了，变寂寞了，我们才感觉我们的天上的一片最可爱的云彩被狂风卷去了，永远不回来了！

这十几天里，常有朋友到家里来谈志摩，谈起来常常有人痛哭，在别处痛哭他的，一定还不少。志摩所以能使朋友这样哀念他，只是因为他的为人整个的只是一团同情心，只是一团爱。叶公超先生说:“他对于任何人，任何事，从未有过绝对的怨恨，甚至于无意中都没有表示过一些憎嫉的神气。”

陈通伯先生说：“尤其朋友里缺不了他。他是我们的连索，他是黏着性的，发酵性的。在这七八年中，国内文艺界里起了不少的风波，吵了不少的架，许多很熟的朋友往往弄得不能见面。但我没有听见有人怨恨过志摩，谁也不能抵抗志摩的同情心，谁也不能避开他的黏着性。他才是和事佬，他有无穷的同情，他总是朋友中间的‘连索’。他从没有疑心，他从不会妒忌。他使这些多疑善妒的人们十分惭愧，又十分羡慕。”

他的一生真是爱的象征。爱是他的宗教，他的上帝。

我攀登了万仞的高冈，

荆棘扎烂了我的衣裳，

我向飘渺的云天外望！

上帝，我望不见你——

…………

我在道旁见一个小孩，

活泼，秀丽，褴褛的衣衫，

他叫声“妈”，眼里亮着爱——

——上帝，他眼里有你——

——《他眼里有你》

志摩今年在他的《猛虎集·自序》里曾说他的心境是“一个曾经有单纯信仰的流入怀疑的颓废”。这句话是他最好的自述。他的人生观真是一种“单纯信仰”，这里面只有三个大字：一个是爱，一个是自由，一个是美。他梦想这三个理想的条件能够会合在一个人生里，这是他的“单纯信仰”。他的一生的历史，只是他追求这个单纯信仰的实现的历史。

社会上对于他的行为，往往有不能谅解的地方，都只因为社会上批评他的人不曾懂得志摩的“单纯信仰”的人生观。他的离婚和他的第二次结婚，是他一生最受社会严厉批评的两件事。现在志摩的棺已盖了，而社会上的议论还未定。但我们知道这两件事的人，都能明白，至少在志摩的方面，这两件事最可以代表志摩的单纯理想的追求。他万分诚恳地相信那两件事都是他实现他那“美与爱与自由”的人生的正当步骤。这两件事的结果，在别人看来，似乎都不曾能够实现志摩的理想生活。但到了今日，我们还忍用成败来议论他吗？

我忍不住我的历史癖，今天我要引用一点神圣的历史材料，来说明志摩决心离婚时的心理。民国十一年三月，他正式向他的夫人提议离婚，他告诉她，他们不应该继续他们的没有爱情没有自由的结婚生活了，他提议“自由之偿还自由”，他认为这是“彼此重见生命之曙光，不世之荣业”。他说：

> 故转夜为日，转地狱为天堂，直指顾间事矣。……真生命必自奋斗自求得来，真幸福亦必自奋斗自求得来，真恋爱亦必自奋斗自求得来！彼此前途无

限……彼此有改良社会之心，彼此有造福人类之心，其先自作榜样，勇决智断，彼此尊重人格，自由离婚，止绝苦痛，始兆幸福，皆在此矣。

这信里完全是青年的志摩的单纯的理想主义，他觉得那没有爱又没有自由的家庭是可以摧毁他们的人格的，所以他下了决心，要把自由偿还自由，要从自由求得他们的真生命，真幸福，真恋爱。

后来他回国了，婚是离了，而家庭和社会都不能谅解他。最奇怪的是他和他已离婚的夫人通信更勤，感情更好。社会上的人更不明白了。志摩是梁任公先生最爱护的学生，所以民国十二年任公先生曾写一封很长很恳切的信去劝他。在这信里，任公提出两点：

其一，万不容以他人之苦痛，易自己之快乐。弟之此举，其于弟将来之快乐能得与否，殆茫如捕风，然先已予多数人以无量之苦痛。

其二，恋爱神圣为今之少年所乐道……兹事盖可遇而不可求……况多情多感之人，其幻象起落鹘突，而得满足得宁帖也极难。所梦想之神圣境界恐终不可得，徒以烦恼终其身已耳。

任公又说：

　　呜呼志摩！天下岂有圆满之宇宙？……当知吾侪以不求圆满为生活态度，斯可以领略生活之妙味矣……若沉迷于不可必得之梦境，挫折数次，生意尽矣，郁悒侘傺以死，死为无名。死犹可也，最可畏者，不死不生而堕落至不复能自拔。呜呼志摩，可无惧耶！可无惧耶！

（十二年[①]一月二日信）

任公一眼看透了志摩的行为是追求一种“梦想的神圣境界”，他料到他必要失望，又怕他少年人受不起几次挫

① 指民国十二年，即 1923 年，下同。

折，就会死，就会堕落。所以他以老师的资格警告他："天下岂有圆满之宇宙？"

但这种反理想主义是志摩所不能承认的。他答复任公的信，第一不承认他是把他人的苦痛来换自己的快乐。他说：

> 我之甘冒世之不韪，竭全力以斗者，非特求免凶惨之苦痛，实求良心之安顿，求人格之确立，求灵魂之救度耳。
>
> 人谁不求庸德？人谁不安现成？人谁不畏艰险？然且有突围而出者，夫岂得已而然哉？

第二，他也承认恋爱是可遇而不可求的，但他不能不去追求。他说："我将于茫茫人海中访我唯一灵魂之伴侣；得之，我幸；不得，我命，如此而已。"他又相信他的理想是可以创造培养出来的。他对任公说：

> 嗟夫吾师！我尝奋我灵魂之精髓，以凝成一理

想之明珠，涵之以热满之心血，明照我深奥之灵府。而庸俗忌之嫉之，辄欲麻木其灵魂，捣碎其理想，杀灭其希望，污毁其纯洁！我之不流入堕落，流入庸懦，入卑污，其几亦微矣！

我今天发表这三封不曾发表过的信，因为这几封信最能表现那个单纯的理想主义者徐志摩。他深信理想的人生必须有爱，必须有自由，必须有美；他深信这种三位一体的人生是可以追求的，至少是可以用纯洁的心血培养出来的——我们若从这个观点来观察志摩一生，他这十年中的一切行为就全可以了解了。我还可以说，只有从这个观点上才可以了解志摩的行为；我们必须先认清了他的单纯信仰的人生观，方才认得清志摩的为人。

志摩最近几年的生活，他承认是失败。他有一首《生活》的诗，诗暗惨得可怕：

阴沉，黑暗，毒蛇似的蜿蜒，

生活逼成了一条甬道：

一度陷入，你只可向前，

手扪索着冷壁的黏潮。

在妖魔的脏腑内挣扎，

头顶不见一线的天光，

这魂魄，在恐怖的压迫下，

除了消灭更有什么愿望？

（十九年五月二十九日）

他的失败是一个单纯的理想主义者的失败。他的追求，使我们惭愧，因为我们的信心太小了，从不敢梦想他的梦想。他的失败，也应该使我们对他表示更深厚的恭敬与同情，因为偌大的世界之中，只有他有这信心，冒了绝大的危险，费了无数的麻烦，牺牲了一切平凡安逸，牺牲家庭的亲谊和人间的名誉，去追求，去试验一个“梦想之神圣境界”，而终于免不了惨酷的失败，也不完全是他的人生观的失败。他的失败是因为他的信仰太单纯了，而这个现实世界太复杂了，他的单纯的信仰禁不起这个现实世界的摧毁；正如易卜生的诗剧 Brand 里的那个理想主义者，抱着他的理想，在人间处处碰钉子，碰得焦头烂额，失败而死。

然而我们的志摩“在这恐怖的压迫下”，从不叫一声“我投降了”——他从不曾完全绝望，他从不曾绝对怨恨谁。他对我们说：

“你们不能更多地责备。我觉得我已是满头的血水，能不低头已算是好的。”（《猛虎集自序》）是的，他不曾低头。他仍旧昂起头来做人；仍旧是他那一团的同情心，一团的爱。我们看他替朋友做事，替团体做事，他总是仍旧那样热心，仍旧那样高兴。几年的挫折，失败，苦痛，似乎使他更成熟了，更可爱了。

他在苦痛之中，仍旧继续他的歌唱。他的诗作风也更成熟了。他所谓“初期的汹涌性”固然是没有了，作品也减少了；但是他的意境变深厚了，笔致变淡远了，技术和风格都更进步了。这是读《猛虎集》的人都能感觉到的。

志摩自己希望今年是他的“一个真的复活的机会”。

他说：

“抬起头居然又见到天了。眼睛睁开了，心也跟着开始了跳动。”我们一班朋友都替他高兴。他这几年来想用心血浇灌的花树也许是枯萎的了；但他的同情，他的鼓舞，早又在别的园地里种出了无数的可爱的小树，开出了无数可爱的鲜花。他自己的歌唱有一个时代是几乎消沉了；但他的歌声引起了他的园地外无数的歌喉，嘹亮地唱，哀怨地唱，美丽地唱。这都是他的安慰，都使他高兴。

谁也想不到在这个最有希望的复活时代，他竟丢了我们走了！他的《猛虎集》里有一首咏一只黄鹂的诗，现在重读了，好像他在那里描写他自己的死，和我们对他的死的悲哀：

> 等候他唱，我们静着望，
> 怕惊了他。但他一展翅
> 冲破浓密，化一朵彩雾：
> 飞来了，不见了，没了——

像是春光，火焰，像是热情。

志摩这样一个可爱的人，真是一片春光，一团火焰，一腔热情。现在难道都完了？

决不——决不——志摩最爱他自己的一首小诗，题目叫作《偶然》，在他的《卞昆冈》剧本里，在那个可爱的孩子阿明临死时，那个瞎子弹着三弦，唱着这首诗：

我是天空里的一片云，
偶尔投影在你的波心！
你不必讶异，更无须欢喜！
在转瞬间消灭了踪影。

你我相逢在黑夜的海上，
你有你的，我有我的方向。
你记得也好，
最好你忘掉，
在这交会时互放的光亮！

朋友们，志摩是走了，但他投的影子会永远留在我们心里，他放的光亮也会永远在人间，他不曾白来了一世。我们有了他做朋友，也可以安慰自己说，不曾白来了一世。我们忘不了和我们在那交会时互放的光亮！

二十年，十二月三夜（同时在北平《晨报·学园》发表）

（原载《新月》第四卷第一期）

狮子（悼志摩）

胡 适

（狮子是志摩住我家时最爱的猫）

狮子蜷伏在我的背后，
软绵绵的它总不肯走。
我正要推下去，
忽然想起了死去的朋友。

一只手拍着打呼的猫，
两滴眼泪湿了衣袖：
“狮子，你好好地睡罢，
你也失掉了一个好朋友。”

二十年，十二，四夜

（原载民国二十年十二月十四日《大公报·文学》副刊第二〇五期）

志摩纪念

周作人

面前书桌上放着九册新旧的书，这都是志摩的创作，有诗，文，小说，戏剧——有些是旧有的，有些给小孩们拿去看丢了，重新买来的，《猛虎集》是全新的，衬页上写了这几行字："志摩飞往南京的前一天，在景山东大街遇见，他说还没有送你《猛虎集》，今天从志摩的追悼会出来，在景山书社买得此书。"

志摩死了，现在展对遗书，就只感到古人的人琴俱亡这一句话，别的没有什么可说。志摩死了，这样精妙的文章再也没有人能做了，但是，这几册书遗留在世间，志摩在文学上的功绩也仍长久存在。中国新诗已有十五六年的历史，可是大家都不大努力，更缺少锲而不舍地继续努力的人，在这中间志摩要算是唯一的忠实同志，他前后苦心地创办《诗刊》，助成新诗的生长，这个劳绩是很可纪念的，他自己又孜孜矻矻地从事于创作，自《志摩的诗》以至《猛虎集》，进步很是显然，便是像我这样外行也觉得这是显然。散文方面志摩的成就也并不小，据我个人的愚见，中国散文中现有几派，适之仲甫一派的文章清新明白，长于说理讲学，好像西瓜之有口皆甜，平伯废名一派涩如青果，志摩可以与冰心女士归在一派，仿佛是鸭儿梨的样子，流丽轻脆，在白话的基本上加入古文方言欧化种种成分，使引车卖浆之徒的话进而为一种富有表现力的文章，这就是单从文体变迁上讲也是很大的一个贡献了。志摩的诗，文，以及小说戏剧在新文学上的位置与价值，将来自有公正的文学史家会来精查公布，我这里只是笼统地回顾一下，觉得他半生的成绩已经很够不朽，而在这壮年，尤其是在这艺术地"复活"的时期中途凋丧，更是中国文学的一大损失了。

但是，我们对于志摩之死更觉得可惜的是人的损失。文学的损失是公的，公摊了时个人所受到的只是一份，人的损失却是私的，就是分担也总是人数不会大多而分量也就较重了。照交情来讲，我与志摩不算顶深，过从不密切，所以留在记忆上想起来时可以引动悲酸的情感的材料也不很多，但即使如此我对于志摩的人的悼惜也并不少。的确如适之所说，志摩这人很可爱，他有他的主张，有他的派路，或者也许有他的小毛病，但是他的态度和说话总是和蔼真率，令人觉得可亲近，凡是见过志摩几面的人，差不多都受到这种感化，引起一种好感，就是有些小毛病小缺点也好像脸上某处的一颗小黑痣，也是造成好感的一小小部分，只令人微笑点头，并没有嫌憎之感。有人戏称志摩为诗哲，或者笑他戴印度帽，实在这些戏弄里都仍含有好意的成分，有如老同窗要举发从前吃戒尺的逸事。就是有别派的作家加以攻击，我相信这所以招致如此怨恨者也只是志摩的阶级之故，而绝不是他的个人。适之又说志摩是诚实的理想主义者，这个我也同意，而且觉得志摩因此更是可尊了。这个年头儿，别的什么都可以有，只是诚实却早已找不到，便是爪哇国里恐怕也不会有了罢，志摩却还保守着他天真烂漫的诚实，可以说是世所稀有的奇人了。我们平常看书看杂志报章，第一感到不舒服的是那伟大的说诳，上自国家大事，下至社会琐闻，不是恬然地颠倒黑白便是无诚意地弄笔头，其实大家也各自知道是怎么一回事，自己未必相信，也未必望别人相信，只觉得非这样地说不可，知识阶级的人挑着一副担子，前面是　筐子马克思，后面一口袋尼采，也是数见不鲜的事，在这时候有一两个人能够诚实不欺地在言行上表现出来，无论这是哪一种主张，总是很值得我们尊重的了。关于志摩的私德，适之有代为辩明的地方，我觉得这并不成什么问题。为爱惜私人名誉起见，辩明也可以说是朋友的义务，若是从艺术方面看去这似乎无关重要。诗人文人这些人，虽然与专做好吃的包子的厨子，雕好看的石像的匠人，略有不同，但总之小德逾闲与否于其艺术没有多少关系，这是我想可以明言的。不过这也有例外，假如是文以载道派的艺术家，以教训指导我们大众自任，以先知哲人自任的，我们在同样谦恭地接受他的艺术以前，先要切实地检察他的生活，若是言行不符，那便是假先知，须得谨防上他的当。现今中国的先知有几个禁得起这种检察的呢，这我可不得而知了。这或者是我个人的偏见亦未可知，但截至现在我还没有找到觉得更对的意见，所以对于志摩的事也就只得仍是这样地看下去了。

志摩死后已是二十四天了，我早想写小文纪念他，可是这从哪里去着笔呢？我相信写得出的文章大抵都是可有可无的，真的深切的感情只有声音，颜色，姿势，或者可以表出十分之一二，到了言语便有点儿可疑，何况又到了文字。文章的理想境界我想应该是禅，是个不立文字，以心传心的境界，有如世尊拈花，迦叶微笑，或者一声“且道”，如棒敲头，夯地一下顿然明了，才是正理，此外都不是路。我们回想自己最深密的经验，如恋爱和死生之至欢极悲，自己以外只有天知道，何曾能够于金石竹帛上留下一丝痕迹，即使呻吟作苦，勉强写下一联半节，也只是普通的哀辞和定情诗之流，哪里道得出一份苦甘，只看汗牛充栋的集子里多是这样物事，可知除圣人天才之外谁都难逃此难。我只能写可有可无的文章，而纪念亡友又不是可以用这种文章来敷衍的，而纪念刊的收稿期限又迫切了，不得已还只得写，结果还只能写出一篇可有可无的文章，这使我不得不重又叹息。这篇小文的次序和内容差不多是套适之在追悼会所发表的演辞的，不过我的话说得很是素朴粗笨，想起志摩平素是爱说老实话的，那么我这种老实的说法或者是志摩的最好纪念亦未可知，至于别的一无足取也就没有什么关系了。

民国二十年十二月十三日，于北平

（原载《新月》第四卷第一期）

志摩在回忆里

郁达夫

新诗传宇宙，竟尔乘风归去，同学同庚，老友如君先宿草。

华表托精灵，何当化鹤重来，一生一死，深闺有妇赋招魂。

这是我托杭州陈紫荷先生代作代写的一副挽志摩的挽联。陈先生当时问我和志摩的关系，我只说他是我自小的同学，又是同年，此外便是他这一回的很适合他身份的死。

做挽联我是不会做的，尤其是文言的对句。而陈先生也想了许多成句，如“高处不胜寒”，“犹是深闺梦里人”之类，但似乎都寻不出适当的对句，所以只成了上举的一联。这挽联的好坏如何，我也不晓得，不过我觉得文句做得太好，对仗对得太工，是不大适合于哀挽的本意的。悲哀的最大表示，是自然的目瞪口呆、僵若木鸡的那一种样子，这我在小曼夫人当初次接到志摩的凶耗的时候曾经亲眼见到过。其次是抚棺的一哭，这我在万国殡仪馆中，当日来吊的许多志摩的亲友之间曾经看到过。至于哀挽诗词的工与不工，那却是次而又次的问题了。我不想说志摩是如何如何的伟大，我不想说他是如何如何的可爱，我也不想说我因他之死而感到怎么怎么的悲哀，我只想把在记忆里的志摩来重描一遍，因而，再可以想见一次他那副凡见过他一面的人谁都不容易忘去的面貌与音容。

大约是在宣统二年（1910）的春季，我离开故乡的小市，去转入当时的杭府中学读书——上一学期似乎是在嘉兴府中读的，终因路远之故而转入了杭府——那时候府中的监督，记得是邵伯炯先生，寄宿舍是大方伯的图书馆对面。

当时的我，是初出茅庐的一个十四岁未满的乡下少年，突然间闯入了省府的中心，周围万事看起来都觉得新异怕人。所以在宿舍里，在课堂上，我只是诚惶诚恐，战战兢兢，同蜗牛似的蜷伏着，连头都不敢伸出壳来。但是同我的这一种畏缩态度正相反的，在同一级同一宿舍里，却有两位奇人在跳跃活动。

一个是身体生得很小，而脸面却是很长，头也生得特别大的小孩子。我当时自己当然总也还是一个小孩子，然而看见了他，心里却老是在想“这顽皮小孩，样子真生得奇怪”，仿佛我自己已经是一个大孩似的。还有一个日夜和他在一块，最爱做种种淘气的把戏，为同学中间的爱戴集中点的，是一个身材长得相当的高大，面上也已经满示着成年的男子的表情，由我那时候的心里猜来，仿佛是年纪总该在三十岁以上的大人——其实呢，他也不过和我们上下年纪而已。

他们俩，无论在课堂上或在宿舍里，总在交头接耳地密谈着，高笑着，跳来跳去，和这个那个闹闹，结果却终于会出其不意地做出一件很轻快很可笑很奇特的事情来吸收大家的注意的。

而尤其使我惊异的，是那个头大尾巴小，戴着金边近视眼镜的顽皮小孩，平时那样的不用功，那样的爱看小说——他平时拿在手里的总是一卷在有光纸上印着石印细字的小本子——而考起来或作起文来却总是分数得的最多的一个。

像这样的和他们同住了半年宿舍，除了有一次两次也上了他们一点小当之外，我和他们终究没有发生什么密切一点的关系，后来似乎我的宿舍也换了，除了在课堂上相聚在一块之外，见面的机会更加少了。年假之后第二年的春天，我不晓为了什么，突然离去了府中，改入了一个现在似乎也还没有关门的教会学校。从此之后，一别十余年，我和这两位奇人——一个小孩，一个大人——终于没有遇到的机会。虽则在异乡漂泊的途中，也时常想起当日的旧事，但是终因为周围环境的迁移激变，对这微风似的少年时候的回忆，也没有多大的留恋。

民国十三、民国十四年——1924、1925年——之交，我混迹在北京的软红尘里，有一天风定日斜的午后，我忽而在石虎胡同的松坡图书馆里遇见了志摩。仔细一看，他的头，他的脸，还是同中学时候一样发育得分外的大，而那矮小的身材却不同了，非常之高大了，和他并立起来，简直要比我高一二寸的样子。

他的那种轻快磊落的态度，还是和孩时一样，不过因为历尽了欧美的游程之故，无形中已经锻炼成了一个长于社交的人了。笑起来的时候，可还是同十几年前的那个顽皮小孩一色无二。

从这年后，和他就时时往来，差不多每礼拜要见好几次面。他的善于座谈，敏于交际，长于吟诗的种种美德，自然而然地使他成了一个社交的中心。当时的文人学者，达官丽姝，以及中学时候的倒霉同学，不论长幼，不分贵贱，都在他的客座上可以看得到。不管你是如何心神不快的时候，只要经他用了他那种浊中带清的洪亮的声音，“喂，老 ×，今天怎么样？什么什么怎么样了？”的一问，你就自然会把一切的心事丢开，被他的那种快乐的光耀同化了过去。

正在这前后，和他一次谈起了中学时候的事情，他却突然地呆了一呆，张大了眼睛惊问我说：

“老李（编者按：老李为老沈之误，系指沈叔薇。）你还记得起记不起？他是死了哩！”

这所谓老李者，就是我在头上写过的那位顽皮大人，和他一道进中学的他的表哥哥。

其后他又去欧洲，去印度，交游之广，从中国的社交中心扩大而成为国际的。于是美丽宏博的诗句和清新绝俗的散文，也一年年地积多了起来。1927 年的革命之后，北京变了北平，当时的许多中间阶级者就四散成了秋后的落叶。有些飞上了天去，成了要人，再也没有见到的机会了，有些也竟安然地在牖下到了黄泉，更有些不死不生，仍复在歧路上徘徊着，苦闷着而终于寻不到出路。是在这一种状态之下，有一天在上海的街头，我又忽而遇见志摩。

“喂，这几年来你躲在什么地方？”

兜头的一喝，听起来仍旧是他那一种洪亮快活的声气。在路上略谈了片刻，一同到了他的寓里坐了一会，他就拉我一道到了大赉公司的轮船码头。因为午前他刚接到了无线电报，诗人泰戈尔回印度去的船系定在午后五时左右靠岸，他是要上船去看看这老诗人的病状的。

当船还没有靠岸，岸上的人和船上的人还不能够交谈的时候，他在码头上的寒风里立着——这时候似乎已经是秋季了——静静地呆呆地对我说：

“诗人老去，又遭了新时代的摈斥，他老人家的悲哀，正是孔子的悲哀。”

因为泰戈尔这一回是刚从美国日本去讲演回来，在日本在美国都受了一部分新人的排斥，所以心里是不十分快活的，并且又因年老之故，在路上更染了一场重病。志摩对我说这几句话的时候，双眼呆看着远处，脸色变得青灰，声音也特别的低。我和志摩来往了这许多年，在他脸上看出悲哀的表情来的事情，这实在是最初也便是最后的一次。

从这一回之后，两人又同在北京的时候一样，时时来往了。可是一则因为我的疏懒无聊，二则因为他跑来跑去的教书忙，这一两年间，和他聚谈时候也并不多。今年的暑假后，他于去北平之先曾大宴了三日客。头一天喝酒的时候，我和董任坚先生都在那里。董先生也是当时杭府中学的旧同学之一，席间我们也曾谈到了当时的杭州。在他遇难之前，从北平飞回来的第二天晚上，我也偶然的，真真是偶然的，闯到了他的寓里。

那一天晚上，因为有许多朋友会聚在那里的缘故，谈谈说说，竟说到了十二点过。临走的时候，还约好了第二天晚上的后会才兹分散。但第二天我没有去，于是就永久失去了见他的机会了，因为他的灵柩到上海的时候是已经殓好了来的。

文人之中，有两种人最可以羡慕。一种是像高尔基一样，活到了六七十岁，而能写许多有声有色的回忆文的老寿星，其他的一种是如叶赛宁一样的光芒还没有吐尽的天才夭折者。前者可以写许多文学史上所不载的文坛起伏的经历，他个人就是一部纵的文学史。后者则可以要求每个同时代的文人都写一篇吊他哀他或评他骂他的文字，而成一部横的放大的文苑传。

现在志摩是死了，但是他的诗文是不死的，他的音容状貌也是不死的，除非要等到认识他的人老老少少一个个都死完的时候为止。

1931 年 12 月 11 日

附记

上面的一篇回忆写完之后，我想想，想想，又在陈先生代做的挽联里加入了一点事实，缀成了下面的四十二字：

两卷新诗廿年旧友相逢同是天涯只为佳人难再得

一声河满九点齐烟化鹤重归华表应愁高处不胜寒

1931 年 12 月 19 日

（原载《新月》第四卷第一期）

与志摩最后的一别

杨振声

11 月 19 日夜里十二点了，忽然接到济南来的电报，说是志摩在开山机焚身死！天啊，我的眼睛可是花了？揉揉眼再看，那死字是这般的突兀，这般的惊心，又是这般地不可转移！电报译错了吧？那是可能？查了再查，这志摩与死万不能连在一起的观念，竟然由这不肯错一字的电码硬给连上了！电报的错字每每有，为什么这回它偏不？但常常有些奇突可怕的事变，吓出一身冷汗后，醒来竟只是一个噩梦。这回敢不也是？但愿它是！四周望望，书架，桌椅，电报，为什么又这般清晰，这分明又不是梦！志摩，他是真死了！

记得我们最后的一别，还是今年 6 月里在北平中山公园，后池子边上，直谈到夜深十二点以后。那是怎样富有诗意的一个夏夜!

月亮没有。星斗是满满的。坐在枝叶蓊翳的老柏树底下，对面是古城下一行的路灯，下面池子里的鱼泼剌泼剌地飞跳，身子松松懒懒地斜靠在池边的长椅上，脚跷在临池的栏杆上，眯着眼吸烟，得，这是多好的一个谈天的环境与谈天的姿势!

于是我们谈到星星的幽隐，谈到池鱼的荒唐，谈到古城上楼阁的黑轮，谈到池子里掩映的灯影，谈到夏夜的温柔与不羁，谈到爱情的曲折与飘忽。最后，又谈到他个人的事情上去了，如紫藤的纠缪，如绿杨的牵惹，如野风的渺茫，如花雾的迷离。我窥见他灵感的波涛，多情的挣扎!那是多有趣味而又不能发表的一段呀!

时已半夜以后了，露水把火柴浸洗，烟都抽不着。沉静着听那夏夜的神秘吧。忽然远远地幽幽地来了一阵音乐之声。

“听，那故宫的鬼乐”!他说。

那音乐真像是从故宫方向来。“你想这音乐是在幽宫的一角，几个幽灵泣诉故宫的旧恨好呢，还是在千门万户的不夜之宫，三千女魂一齐歌舞好呢？”是我问。

“唔！你去幽宫吧，我得先看了歌舞，再到幽宫去找你。”他弯了嘴笑。

我们寻着音乐声往东走，经过一段幽凉的长路，到了来今雨轩。也不见有跳舞的音乐。

“这音乐真来的古怪！”他侧着耳朵说。

出了公园的前门，我们又顺着天安门往东走，高大的城根下，只有我们两个影子。

“小曼来好几封快信催我回去了。”他有所思地说。

“你怎样还不走呢？”

“等飞机呀！”

“干吗必须坐飞机？”

“快啾。”

“你等上一星期呢？别顽皮了！乖乖地坐车去吧。回首坐船，到青岛还得来见我们，我们陪你逛崂山。”

“飞机过济南，我在天空望你们。等着，看我向你们招手儿吧。”

“我明天也就要回去了。”

“怎样快！几时见？”

“你一准到青岛来。”

“好吧。”

志摩，你是答应我们了！但我们等来等去，等到了你一个惊心的消息。

许多朋友来信说，“志摩死了，我们哪里再找到像他这样一个可爱的人！”

是的，我们的损失，不只是一个朋友，又是一个诗人，一个散文家，更重要的，是人类中失掉了一曲《广陵散》！

谈到诗，志摩实在给了它一个新的体魄，虽然在音节上还未能达到调谐的完美。可是，只要诗得了新的体魄，它不自然会找一个适当的调子吗？我常想新诗有三个阶段。第一阶段，自然是胡适之先生们打破旧诗的樊笼，促成新诗的雏形，然在这一阶段中作白话诗的都还脱不了旧诗的气味。只在形式上把诗的用字白话化，把平仄的拘束给打破了。而内容上还不能算是如何的新。及至志摩，以充分西洋诗的熏陶来写新诗，不但形式一脱旧诗的窠臼，而取材、用字、结构及气味，都不是旧诗而是新诗了。为方便，可说是到了第二阶段。如他初期的《婴儿》《白旗》《毒药》诸篇，具有何等的力量！但这种散文式的诗，到底是丢了诗的主要成分——音乐的美！志摩诗的进展，音节渐渐地西诗化，这是看得出来的。但从单音字与复音字的不同，中西语调的差异，中国新诗的音节，不是可以整个西洋化的。这必从中国语言中找出它自身的音乐来才使得。所以第三阶段，就是新诗音节的追求。自五年前闻一多先生与志摩在《晨报》所创办的《诗刊》，以致今日新月出版的《诗刊》，都是在这一方向努力的行程。而志摩的《猛虎集》已较《志摩的诗》音节为调谐。仪容也整饬了，虽然我们还盼他不失掉初期的力量。谁知在这最后的奋斗中，我们正想看他伟大的成绩时，他却飘然而去呢！

至于他那“跑野马”的散文，我老早就认为比他的诗还好。那用字，有多生动活泼！那颜色，真是“浓得化不开”！那联想的富丽，那生趣的充溢！尤其是他那态度与口吻，够多轻清，多顽皮，多伶俐！而那气力也真足，文章里永远看不出懈怠，老那样像夏云的层涌，春泉的潺湲！

他的文章的确有他独到的风格，在散文里不能不让他占一席地。比之于诗，正因为散文没有形式的追求与束缚，所以更容易表现他不羁的天才吧？

再谈到志摩的为人，那比他的散文还有趣！就说他是一部无韵的诗吧。节奏他是没有，结构更讲不到，但那潇洒劲，直是秋空的一缕行云，任风的东西南北吹，反正他自己没有方向。他自如地在空中卷舒，让你看了有趣味就得，旁的目的他没有。他不洒雨，因为雨会使人苦闷；他不会遮了月光，因为那是煞风景。他一生决不让人苦闷，决不煞风景！曾记得他说过："为什么不让旁人快乐快乐？自己吃点亏又算什么！"朋友们，你见过多少人有这个义气？

他所处的环境，任何人要抱怨痛苦了，但我没听见他抱怨过任何人；他的行事受旁人的攻击多了，但他并未攻击过旁人。难道他是滑？我敢说没有一个认识他的朋友会有这个印象的，因为他是那般的天真！他只是不与你计较是非罢了。他喜欢种种奇奇怪怪的事，他一生在搜求人生的奇迹和宇宙的宝藏。哪怕是丑，能丑得出奇也美；哪怕是坏，坏得有趣就好。反正他不是当媒婆，作法官，谁管那些！他只是这样一个鉴赏家，在人生的行程中，采取奇葩异卉，织成诗人的袈裟，让哭丧着脸的人们看了，钩上一抹笑容。这人生就轻松多了！

我们试想想这可怜的人们，谁不是仗着瞎子摸象的智慧，凭着苍蝇碰窗的才能，在人生中摸索唯一引路的青灯，总是那些先圣往哲，今圣时哲的格言，把我们格成这样方方板板的块块儿。于是又把所见的一切，在不知不觉中与自己这个块块儿比上一比，稍有出入便骂人家是错了。于是是非善恶，批评叫骂，把人生闹得一塌糊涂，这够多蠢！多可怜！志摩他就不——一点也不。偏偏这一曲《广陵散》，又在人间消灭了！

……

志摩你去了！我们从今再没有夏日清晨的微风，春日百花的繁茂！我再不忍看那古城边的夜灯，再不忍听那荷花池里的鱼跃！假若可以换回的话，我愿把以上的一切来换你。你有那晨风的轻清，春花的热闹，夏夜的荒唐！

你回来！我情愿放走西北风，一把揪住了你！

二十年十二月　青岛

（原载《新月》第四卷第一期）

悼志摩先生

储安平

这年代随处爱给人忍受一份不可言说的苦难，摆着晦涩的脸，教你气促。全是秋冬景象，一切都挂上死亡的颜色，等着长青芽还远。国度如深山里的小部落，睁着眼睛看别人家的长进和热闹。孕成的大乳石，只要凶运一到，便是一声吓倒人的崩坏。黑漆里有的是伤感的袭击。

虽然时季在一种窒塞的国难的气息中，可是对于这一颗大星的陨落，志摩先生的罹祸，我相信在一般困乱的心槽里，当更渗下了一滴苦汁。他关切的朋友和他忠信的读者，将全感到他们自己的损失；为我们的诗人志哀着。十年来中国文坛的收获，志摩先生的功绩是不可磨灭的，正如一片荒芜的土地上，由他来砌起一座楼屋，正还待他的经营。每个人，对于这熟悉的名字，都有一种亲昵的感情。

他的恩泽是一道最和丽的光，大家都收到他的照耀。

我初次认识他是在五年前的一个春天。那时，有若干人想排演一个脚本：《茶花女》，在华龙路新月书店三楼谈话，在座有余上沅先生江小鹣先生吴瑞燕女士这一些人。志摩先生就像一架火炉，大家围着他感到有劲。虽然这一次谈话以后也没有再问闻，可就在那时，我感到他的热心永远是大家一个最好的监督。

过后一两年，他收下了光华的聘书。一次更接近的通气是不消说得的。这人初看上去，和他应酬似乎很费力。可是你和他熟悉了，你便明白这正是他的率直，他的诚挚，他诗人的节气。他对于后进，有的是一份提拔的心热，如他在《诗刊》第二期上说："做编辑最大的快乐永远是作品的发见，除非你不去找他，要不是，一开口就像十年前的老朋友，不跟你来一些套。"（有时虚套只是一种骄傲。）

要他写东西有一丝苟且是不来的。他在《猛虎集》上说，他有时为了一些破烂的句子或一个字眼也得拼忍成天半日。字眼一到他手就全标出了它们自己的分量。这认真是我们绝大的师法，我说不仅是在文学的努力上，便是在为一切学问或为人上也一样。

在他自己的功绩上，散文的成就比诗要大。他文笔的严谨，在中国至今还没有第二个人。散文原是诗的扩演，他曾对我说，内涵是它的骨骼，辞藻是它的外表；一座最牢的房子，外面没来一些现代美的彩色与轮廓，仍不能算定成它的建筑上的艺术。他的文章，各色各种爽口的好水果全有。你读过他的作品，便知道，香艳的如《先生，你见过艳丽的肉没有？》，哀悱如《我的彼得》。

我最末一次和他见面是去年一月里。那时我预备去北平。有一天去看他，三个钟头前，他正从北平回来。听见我也上北平去，说：“好极了，咱们的朋友都在向北平流。往北平只要自己有翅膀，上海，上海你得永远像一只蜗牛般地躲在屋子里。”

年轻是他的本分。在《自剖》里，他自己说：“是动，不论是什么性质，就是我的兴趣，我的灵感。是动就会催快我的呼吸，加添我的生命。”他的兴趣永远是雪天的白瓣，他的灵感永远是波涛的汹涌。

为了自己文学修养上的稚浅，我想往北平后，常去他处承教承教。有一天张东荪先生告诉我说志摩先生已经到了北平，在第二天，我又为了别的缘故，回到了南边来。去年春天编《今日》，问他要稿子，他来信时还记得念到这江南的好妩媚；我在西湖时，曾经装了一袋桃花寄给他过。

我写散文多少是受着他的影响的。“在相识的一淘里，很少人写散文。”不过他说：“在写作时，我们第一不准偷懒……”对于他这份督促我永远不该忘记。

但是天不为这荒芜的中国文坛多延留几年这卓越的诗人。就在“一球光直往下注，嘭的一声炸响”里，炸倒了这破碎的文坛上的中柱。

当我有一天晚上读了第一家登载了关于他罹祸的不幸消息的 Evening Post（是家璧拿来我看的）以后，我的意境中，一时体味到一丝说不出的苦涩，一次至大的哀悼。我跑到或写信给每一个关切志摩的朋友或读者，报告人们这一份不能补给的大损失。

三月江南又是一片好春光。在今夜，在这十六分外圆的月亮下，凭我向往对他的一宗刻实的信心，写下这短短的两千字纪念他。我祝福他在天的灵魂永远的轻松着；他的精神永远是不死的。

11 月 22 日

（原载《新月》第四卷第一期）

怀志摩先生

何家槐

我正在急切地盼望寒假，因为志摩先生北上时，曾经说了又说："寒假我准回上海，一到我马上通知；你如不回家，又可时常到我这儿玩。"

我成天就只想到这个——寒假的到来。他临走，火车就要开的时候，还忘不了叮咛我用功英文。说我寒假去看他，要留我住几天，考试考试我半年来的成绩。他说要我念名家的诗，济慈的，比方说，他希望我能学得像一个样子。他说得那样恳切，那样真诚，真叫我感动。这半年来，我身体不好，又兼国家多患难（宣传请愿就花了我不少的光阴），实在无心情念书。几个月过去了，我还是一无成绩。我真怕面对面的试验，那太难，太不易蒙混。没有真货色，你就得脸红。但我还是很盼望寒假。我每每幻想一个大冻的寒夜，一炉熊熊的白火，前面坐了我们两个人，像师生，又像兄弟；旁边蹲着他最疼的猫——那纯粹的诗人。它一定滚动着灵活的眼，半了解半怀疑的，向着我们望。空气又暖和，又宁静，白发苍然的竺震日（即泰戈尔）先生，怪舒服地坐在大椅上，注视着寒冷的门外。在一阵寒暄以后，我照着预定的课程取出诗集，朗声地念了起来。我英文根基浅，那深奥的诗，我一定不能完全了解。我也准不会念得准确，念得流利。听了那艰涩的、吃力的声音，看了那一半惭愧，一半懊丧的样子，他准会发笑。我实在继续不下了，他一定会开导我，像教师，又像父兄，那样的和蔼！如果我还是不懂，我想他还会像平日一样地取笑我说："家槐，你的聪明还不及它——"指着他那纯粹的诗人。怕我误会，他又会连忙解释："当然这是说笑的。"……多么生动的幻想！我以为再过一个月就会实现了，谁料我的梦竟永远成了泡影！

志摩先生待人，真是再温柔再诚心不过的。不论老小男女，谁都爱他的脾气。我性情原是很忧郁，很固执，他时常劝我学活泼一些。不论在口头或通讯中，他始终眷眷地叫我去了书呆子气，叫我举动不要太呆板，太刻画，要我多交际，衣服也不要穿得太随便，起码要成个样子。我答应是答应的，但从不曾照做。“江山好移，本性难改”，这话是真的。我虽想努力振作，结果还是懒得不成话，落拓得异常。虽是因为穷，大半还是因为自己太不要好，太不自爱，太不会修饰。我从不戴帽，头发长得像狗毛，不修面，也不刮胡子；而且不论季候地穿着一件长衫，一双从不擦油的皮鞋，走路一拖一拖，讲话一顿一顿，眉头老是跟谁斗气似的紧蹙。那种落魄，颓丧，破烂的样子，给一个愉快，漂亮，爱谈笑，不喜欢沉闷的人瞧了，如果不是这样好讲话的志摩，谁容受得下？谁耐烦？谁愿意周旋？但你看，他不但不怕麻烦，反而很欢喜同我一道。有时我坐在他的书房里一连几个钟头，简直“守口如瓶”的，缄默着不则一声。那种沉默真叫人气闷。我现在想起自己的那些阴阳怪气，毫无理由地给人不欢，真后悔。看我很忧郁，很烦心，他老是不安似的问:“什么事使你这样烦闷？我看着你的样子难受。”是的，究竟什么事使我这样烦闷？这连我自己也不明白。我只觉一片灰黯，渺渺茫茫的，不知道什么是苦闷的原因。我心地太窄，不开朗，什么事我都只看背光的一面。生气与欢乐，在我仿佛是全没有份儿。我的成天呆着脸，不快活，连自己也无能为力。所以听到他的话，我只有苦笑。这当然更使他难堪。在这种时候，他只得跟我枯坐，硬着头皮活受罪，因为我的心一沉，谁也挽回不了我的欢乐。我自己忧心如焚，就埋怨到人家，我最怕在自己无光的面前，出现带笑容的脸。但一见了他，我就全改了脾气。反而在这种最难得高兴的日子，最爱去找他，找到了又觉无话可说，无事可做。就只在他那里呆坐几点钟，也似乎足以慰我。因此他在一礼拜内，受到我闷气的总有几趟。但他从不曾对我表示不满。他老是那样和气，那样可亲，那几乎是慈爱的，殷殷垂问的态度，使我感到人情的温暖。我记得每次去，他老是要握一握我的右手，又紧又长久，有时他还似乎很高兴地叫：

“好久不见了呢。”

“不是前礼拜曾来过吗？”

“喔，是的，你似乎又瘦了一点。”

“我觉得天天消瘦下去，你猜我几岁了？”

“二十三四吧。”

“二十一，你怕不会相信？”

“那有什么不可信的？”

“你已三十多，但看来，还是你年轻。”

“你瞎说！”

看我很不乐，他总是笑着，走近我的身边说：“你太沉闷了，我实在替你担心。你真像一个乡下的孩子！你应该多结交朋友，正当花时的青年，还不应该像花草一样的新鲜吗？”我听他讲，点点头，但还是沉默。在这种使人难过的氛围中，他不是朗声地念几句英文诗，就是看一看钟说：“快十二点了，我们吃饭吧。”

吃饭的情形，我也是永远忘不了的。一上桌，不知怎么的，我就显得很拘束，眼睛看着碗，仿佛不好意思大胆吃菜的样子。看了我那一筷是一筷，一瓢是一瓢，严谨到极了的举动，似乎很使他不安，大声地叫“家槐吃火腿”“家槐吃鱼！”看到我不动，也不回答，于是他就替我夹了一大箸，放上我的碗。有次他要我吃虾，我回答说：“我不会，因为我不惯。”“这有什么不会的——”他很温蔼地笑着说，

“只要咬去就行了。”

今年夏天的一个早上，我在电车上忽然头昏脑涨地感到一阵眩晕，原因是中痧。在郁达夫先生家里吃了十滴水，就觉得比较清爽，到成和村的时候，已经全好，不过还有点软弱。他没有起来，我就随便拿了一本小说看，不去惊动他。后来吃饭了，我在无意间说及早上的发痧，他不及听完，就连忙很惊惶地叫人买药，一面责问似的向我说：“现在怎样了？好过不？为什么不早点叫我？真是不懂事的孩子……”

我最大的痛苦，就是眼病。我是有沙眼的，据医生说。我的眼睫毛不时内卷，一遇到这种情形，我就痛苦得要命。他时常劝我医，我自己却随随便便，打算得过且过地马虎过去。他的急甚于我自己，每次来信，总有几句跟下面差不多的意思的话：“你的眼，我一想起便系念。身体是不能不顾管的，不论哪部分一出毛病，即受累无穷。你的眼既已不好，千万不可在光亮不适处或已感到疲乏时勉强做工。眼睛关系太大，你非得养好。我想你不妨向家里单独要一点治费，趁这时治好。你年纪正轻，也不必过分急于成名。沙眼到瞎眼是极近的，万不可玩忽。你那不在意似的宽心，真使我替你着急……”其实我也何尝是宽心？我家境清贫，筹学费已是不易，我一人念大学就累得全家受苦，哪忍再为了我的一只眼，再向他们压榨？这苦衷，只有志摩先生知得最明白，因为只有向他我是什么话都会讲的。他最欢喜人坦白率直。有一次，我忍耐不住告诉他说：

“我虽想马上就医，但没有钱……”

“向家里要过没有？”

“没有。”

“也许你父亲会寄一点的。”

“那自然，但我不忍……”

“真为难——”他沉思了一刻说，“那么你问过医生吗？”

“问过。”

“他说怎么医？”

“先开刀。”

“就是这样？”

“是的。”

“那费用一定不贵——”他忽然很高兴似的说，“我替你负担就是。”

我没有话，在那时，我能说些什么呢？客套的感谢是无用的，他最恨虚伪，最恨敷衍。他时常说：“下次客气话不准再说了，况且我并没有帮你什么忙。只要你诚诚心心把我当一个老阿哥看，我就快活……”他就只爱“诚诚心心”。当着他那真诚的笑容，谁能说一句假话？我性急，但他从容的时候是很从容，一急却比我还急。他那股天火似的热情，不允许应做的事有一刻迟缓。就如那一次，他马上给我钱，要我立刻上医院。那也是冬天，外面是阴霾的云，刮得人倒的风，我真不愿离开那舒适的沙发，那温暖的火炉。但他不容我再坐，拖我起来，把我送出门外。他又怕我只图省钱，所以一连告诉我四次，说我如果三等不干净，可住二等，钱不够尽管打电话给他，总能够替我设法。我真的住了二等。刚到院一天，我就接着他的来信：“难为你在这大冷天，雨天，一个人闭着一双眼，在医院里干闷。我不能去看你，又不能多写一点给你解闷。你眼未好以前，我劝你不必急于写文章。眼睛是大事情，我们没有它，天地就昏黑。你先养好，痊了再计划做事吧……在院时以多睡静养为宜，切不可过度劳神……”

我小说写得不多，一半因为懒，一半因为生活太不安定。而且我的性情也躁急，什么都想速成。一篇小说往往写得很粗率，本来还有许多可写的，但为了早点把它结束，早点送它出去试命运，我就糊糊涂涂地把它结上一条尾巴。譬如去年暑间最炎热的日子，我竟一口气写成了一万多字，在两天以内。（那当然是糟！）他往往为了我的这种坏脾气担忧，说我原很可以写，如果用心点，竟许有自己不意料的成功等候着。但我不潜心修养，不向更高处呼吸，更深处着想，得到的一定只是小成。他像这样地劝我，始终是很温和，很真诚恳挚的。我又不时地愁穷，不高兴多写文章，他老是很郑重地戒我：“文章你能写，当然要继续向前努力。写好文章是终身的愉快，穷是不碍的，况且写文章的谁不是穷？……”

我从不曾向他要字，今年暑天突然想到要他写一张屏。我也从不曾送他礼物，也是今年夏天，我从家里带出一只洋——其实还不到一只洋的鲜梨。一共只二三十个，他还是拼命地不肯全受。“我只要十个尝尝味就行——”他坚持着说，“你得带几只回去自己吃吃。”“亏你这样远的路带了出来，”他又问，“可是很甜？”“是的，”我回答，“又甜又清凉，包你喜欢。”我一边说，一边把梨从小网篮中取出，放在桌上。“你不受，烂也要烂在你的家里——”我比他更坚持，“我千辛万苦地带出来就是为你。”看我说得很认真，很严肃似的，他大声地笑了。“那么你也非得带回去四只。”他竟不容人分说的，硬把四只梨投入我的网篮，于是他大声地笑了。喔，我怎能忘了他那又活泼，又天真，又洪亮的笑声！

还有一次，我在他的抽屉里乱翻，看他的许多信简。过几天去的时候，他很严正的责问我：“家槐，你为什么看我的私信？你知道这是犯法的，许多夫妻竟因此离异。”但那严正只是一刹那的。看见我不声响，生怕我难堪，于是他又很温柔地说：“不过我是不要紧的，你千万不要介意。”

他临走的前一天，我向他要张小照，留个纪念。他说到北平后再寄给我，因为没有现成的，我以为他随口说说，一定要忘掉，哪料在十一月十六日的下午，我竟意外地收到了。这是一张最近的留影，精神很好。在十九日早晨，我还发了一信，说照片已到，谢谢他不曾忘掉答应。哪料信刚发，我就看到报上他惨死的消息了。这惊人的死，我如今似乎还不能信，谁料这离奇的天命？但事实明明摆在我的眼前，我明明眼见他的灵柩回上海，眼见他那宁静的，在永远安息中的，灰白的脸孔。我不能自欺，这残酷的殒落，终于不容我否认。想起他死时的惨，以及生前的种种，我哪能禁住中怀的摧痛？

"……最初消息来时，我只是不信，那其实是太兀突，太荒唐，太不近情。我曾经几回梦见你生还，叙述你历险的始末，多活现的梦境！……"他在五年前，曾经这样沉痛地伤过双栝老人。现在我竟有机会转借来悼念他自己了。我已永无机会再见他，再听他谈话，再握他那又肥又白的双手。生与死的界线，已把我们毫不容情地隔绝。除了一张小照，我就无处再瞻仰他的遗容；除了一些信，一张屏，我也无处再可以亲他笔墨，多难料的骤殁！他最关心我的第一集小说。他原把它介绍到新月，因为一时支不到稿费，又替我转送到大东。那里印得慢，生怕我焦急，又只得把它交还新月。为了它，他不知费了多少周折，受了多少麻烦。他临走时向我说："你的集子出来时，我倒要仔细看它一遍，替你写点批评。"谁料我的集子还不曾出，他已永离人世的罗网，重归来处，将来睹物怀人，叫我能不黯然！

他最爱的娘，她的死给他很大的痛苦。有机会马上去亲那另一世界的母爱，他的许多亲人，竟许跟他自己说的一样"在坟墓里的那一边开着天伦的怀抱，守候着他们的志摩，共享永久的安闲……"而且他也曾说过，"从生入死，在我有时看来，只是投入了一种异样的冒险"。所以这半空的死，或许是他巴望已久的解化。那另一世界，也许是他认为更美，更诗化的，更永远的和谐，但在这荒歉的中国文坛，却始终是个无法补偿，无可挽回的损失。想到他未完的伟大的使命，和想到他那不散的诗魂，定在泰山的极巅，当万籁俱寂的五更天，恨绵绵的，怅望着故乡的天涯！

（原载《新月》第四卷第一期）

纪念志摩

陈梦家

等候他唱，我们静着望，
怕惊了他。但他一展翅，
冲破浓密，化一朵彩云；
他飞了，不见了，没了——
像是春光，火焰，像是热情。

他去了，永远地去了。我们还是常痴望，痴望着云霄，想再看见他来，像一道春光的暖流，悄悄地来。不能说这全是痴，我们不知忘掉了多少事，唯独这春光火焰似的热情的朋友，怎样也难使我们放下这痴心：我们要的是春光，火焰，要的是热情。听这秋声萧萧的摸索四野衰败的芦草，我们记起过去的一个秋天：怎样的那冰凉的秋天蹑进我们衰芦似的心里，教我们怎样说，那一刻间不能信的信息，教我们怎样信，他一飞去的神捷，唉，我们怎样再能想！

在这秋天的晚上，隔院小庙一声声晚磬袅袅地攀附在这一缕青烟上，游魂似的绻绵，我仿佛听他说：我在这里。我翻开这四册诗集，清水似的诗句，是那些片可爱的彩云，在人间的湖海上投过的影子。现在那翩翩的白云，又在天的那方，愉快地无拦阻地逍遥？

我们展开这几卷诗，是他偶尔遗落下的羽毛，仿佛看见他的轻盈，丰润，温存的笑。他的第一集诗——《志摩的诗》——在十一年回国后两年写的，那些是情感的无关阑的泛滥。那种热情，是他对于一切弱小的可怜的爱心。

给宇宙间一切无名的不幸，

我拜献，拜献我胸肋间的热，

管里的血，灵性里的光明；

我的诗歌——在歌声嘹亮的一俄顷，

起一座虹桥，

指点着永恒的逍遥，

在嘹亮的歌声里消纳了无穷的厄运！

真的，他有的是那博大的怜悯，怜悯那些穷苦的、不幸的，他一生就为同情别人忘了自己的痛苦。那在大雪夜用油纸盖在亡儿坟上的妇人，那些垃圾堆上拾荒的小孩，那些乞儿冷风里无望的呼求，那个黑道中蹒跚着拉着车的老头儿：这些不幸永远震撼他的灵感。他的慧眼观照一切，这古怪的世界横陈着残缺的尸体，又是那热情引他唱起“毒药”的诗，他也为着恐怖的“白旗”呼唤。在“现实”恶毒的阴黯中，他总是企望着一点光明，企望着这老大民族的复兴：

古唐时的壮健常萦我的梦想：

那时洛邑的月色，那时长安的阳光；

那时蜀道的啼猿，那时巫峡的涛声，

更有那哀怨的琵琶，在深夜的浔阳！

但这千余年的痿痹，千余年的懵憧：
更无从辨认——当初华夏的优美，从容！
摧残这生命的艺术，是何处来的狂风？——
缅念那中原的白骨，我不能无恫！

在他第一集诗里，许多小诗是十分可爱的，《沙扬娜拉》《难得》《消息》《落叶小唱》和《雪花的快乐》，到如今我们还是喜欢来念。十年前初创时的新诗，只留下《志摩的诗》这唯一的硕果。这些诗，不光是鲜丽，它还有爽口的铿锵的声调，如一首残诗：

怨谁？怨谁？这不是青天里打雷？
关着；锁上；赶明儿瓷花砖上堆灰！
别瞧这白石台光润，赶明儿，唉，
石缝里长草，石板上青青的全是霉！
那廊下的青玉缸里养着鱼真凤尾，
可还有谁给换水，谁给捞草，谁给喂？

十五年，志摩在北平约一多、子离等聚起一个诗会，讨论关于新诗形式的问题，他们在《晨报》有过十一期的诗刊。从那时起，他更用心试验各种形式来写诗，他自认他的第二集诗——《翡冷翠的一夜》——至少是技巧更进步了。那开篇的一首长诗——《翡冷翠的一夜》——虽则热情还是那么汹涌，但他能把持他的笔，教那山洪暴发似的热情化作一道无穷止的长河。他向我说过，《翡冷翠的一夜》中《偶然》《丁当一清新》几首诗划开了他前后两期诗的鸿沟。他抹去了以前的火气，用整齐、柔丽、清爽的诗句，来写出那微妙的灵魂的秘密。

他的努力永远不间断，向前迈进，正如他从不失望地向生命的无穷探究。十年来对新诗这样不懈怠研求的，除了他没有第二个人。“总有一条路可寻，”他说，“我们去寻。”我们看他（我们自己要不要惭愧）不管生活的灰尘怎样压重他的翅膀，他总是勇敢的。

飞扬，飞扬，飞扬，

这地面上有我的方向。

但看那生活的逼迫，阴沉黑暗毒蛇似的蜿蜒，人不能受，他忍受。他有一种“信仰的勇敢”，在一切艰难上，他还是急切地求“一条缝里的一点光”,照亮他的一点灵犀。可惜这世界

不论你梦有多么圆，

周围是黑暗没有边。

到处有“经络里的风湿，话里的刺，笑脸上的毒”，但是“凶险的途程不能使他心寒。”有时候他

陷落在迷醉的氛围中，

像一座岛，

在蟒绿的海涛间，不自主的浮沉……

但他还是“迫切地想望，想望那一朵神奇的优昙”。我们全是大海上飘浮无定的几只破帆，在蟒绿的海涛间，四下都是险恶，志摩是一座岛，是我们的船坞。这生命的道路太难走了，崎岖，曲折和无边的阴黯，一听到

他唱，直唱得旅途上到处点上光亮，
层云里翻出玲珑的月和斗大的星……

我也是这些被唱醒的一个，听他说：“一起来唱吧！”十九年的秋天我带了令孺九姑和玮德的愿望，到上海告诉他我们再想办一个诗刊。他乐极了，马上发信去四处收稿；他自己，在沪宁路来回的颠簸中，也写成了一首长叙事诗——《爱的灵感》。他对青年人的激励，使人永不忘记。一直是喜悦的，我们从不看见他忧伤过——他不是没有可悲的事。

二十年夏季他印了第三集诗——《猛虎集》。他希望这是一个复活的机会。集子开篇的一首《我看见你》是他一

生中最好的一首抒情诗。还有那首《再别康桥》，我相信念过的人一定不会忘记。这类可爱的小诗，在他后期写的更多，更好——我们想不出如何说他好。我们一读他的诗，只觉得清，——不是淡——清得见底的；隽永和灵奇的气息。我们说不对。

我不敢想去年冬天为什么再去上海，看不见他了，我看见的是多少朋友在他灵前哀泣。他知道，一定会笑我们忘不了的凡情，他好像说："我只是飞出了这个世界，到另外一个世界去，和原先一样好。赶明儿你们也得来，可是我等不及你们的，我会飞去第三个世界！"呵！你永远在飞，这世界留不住你！

洵美要我就便收集他没有入集的诗，我聚了他的《爱的灵感》和几首新的旧的创作，合订一本诗——《云游》。想起来使我惶恐，这曾经由我私拟的两个字——《云游》——竟然做了他命运的启示。看到他最末一篇稿——《火车擒住轨》，只仿佛是他心血凝结的琴弦，一柱一柱跳响着性灵的声音。

真的，志摩给我们的太多了：这些爱心，这些喜悦的诗，和他永往前迈进的精神，激励我们。这年头，活着真不容易，“思想被主义奸污”，感情卖给了政堂……志摩争的就是这点子“灵魂的自由”，他要感情不给虚伪蒙蔽。他还要尽情地唱，顾不得人家说“这些诗材又有什么用”。看这十年来，谁能像志摩在生活下挣扎，不出声地挣扎，拨亮性灵中的光明，普照这一群人，不知道光明是什么。

“诗人是一种痴鸟，一种天教唱歌的鸟，不到呕血不住口，它的歌里自有另一个世界的愉快，也有它独自知道的悲哀，与伤痛的鲜明。它把温柔的心窝抵着蔷薇的花刺，唱着星月的光辉与人类的希望。它的痛苦与快乐是浑成的一片。”

唉，这一展翅的飞逝！我们仰望白云，仰望白云上的星月，那儿是你！也许你，在另一个世界上，享受那种寂寞；也许

你已经飞度了万方的山头

去更阔大的湖海投射影子！

但我们还是

在无能的盼望，盼望你飞回！

二十一年十月抄记于海甸燕京

（文中所引诗及文句，皆出自志摩集中）

（原载《新月》第四卷第五期）

志摩怎样了

方玮德

记得还是前年的秋天，志摩在南京教书。有一次他约好我们骑驴子上栖霞山看枫叶，但到那天他留在上海，后来只来了一封信，劝我们别急，总有一天会偿这餐红的宿愿。去年栖霞山的叶子正红的时候，志摩死在开山的岩下（我不知道开山的叶子又怎样红）。今年又是一个秋天，我来到北国，西山的枫树已经红够了，可是志摩的宿愿又怎样呢？

志摩死了一年，这一年中间，许多人对于志摩各有不同的论调，好像志摩这人是盖棺以后无从论定的。我想有许多人攻击志摩，无非是对于他的生活有所不满，因而说他的作品全不是充实的。而另外一些欢喜志摩的人，又说志摩的生活是十分使人惬意，所以他的作品也非常可喜。两种不同的意见，志摩的毁誉参半。那么我们要真正明白志摩这个人，只有研究他全生活的内容，至于诗——他唯一的贡献——那不过是他的生活上随时的表现罢了。志摩是旧气息很重而从事于新文学事业的一个人。在这里我所说的旧，不一定是指时代或是一切属于形式的意思，志摩的旧乃是一切心灵上与感官上所富寓的一种对于过往的虔敬与嗜好。虽则他狂喜青春，爱好新奇，窥探将来，但他也同样爱好典型，抚摩陈迹，欢喜庄凝的不朽。我们略略接近志摩生活的人，不难知道他这一生的嗜好往往多沉浸在这思古的幽情里面。他崇拜泰戈尔，他崇拜哈代，这因为（他自己说）他欢喜他们以长久的经验与观察，而传给我们一种极纯厚极古老的灵珠子。他从这古老的珠子里，思索出许多人生的蕴味与结晶的智慧。以此智慧，他砌成他自己平日生活的墙壁。他的思想如同爬山虎，就扒住这墙壁向上长。因此他的作品也往往是用旧的气（甚至于外形）来从事他新的创造。他的新诗偏于注重形式，虽则这是他自己的主张和受西洋诗的影响，但他对于旧诗气息的脱离不掉，也颇可窥见。他的生活不论是好是坏，可是他一直有向往古人的意味。无一时一刻不给他自己放在古人的灵魂里，也无一时一刻不凭借古人去发展自己。单看他解释济慈的《夜莺歌》，便可以知道他对于某一种意境之能深入。总之，他带着思古的气息过他的生活，试他的创作，这中间虽有许多地方不容易被现世人所了解，可是他这生活的全部精神已是十分可爱的。

至于另一些人毁谤志摩，那又是因为做人的基本观念不同。那些人是不大承认古老是有价值的，即是新奇和将来于他们也不一定有意味。这些人的论调我们无须辩白，我不愿意在我们这是非的世界里谈判我们的是非。志摩文学上的事业没有达到他自己所愿望的成功，那是无可讳言，但他这半生做人精神已是可贵。另外他待人处世那副热肠，那样真切，也不易得。我们失掉一个得用的东西，总都要记挂半天，除非是寻得一件和以前差不多的，心里才略为安慰些。但是寻不着的话呢，那在这凄漠的国度里，谁又能禁止我们对于志摩的早死不加以惆怅？因此我十分哀痛地写成此短文，并不怕将为林语堂先生所笑。

（原载民国二十一年十一月十四日
天津《大公报·文学》副刊第二五四期）

追伤志摩

方玮德

我现在只能空空地记起了你，
正同你也能空空地记起了我们；
你身后的寂寞原是件寻常的事，
伤心的是我们身前全有颗寂寞的心。

当你走的时候，你留下来只一堆粉，
人们都喊着你变成神，变成星，
变成泰山上的彩霞，你死是奇迹。
我知道你心中说：我死了，完了，你们再不用费神。

如今你真走远了，无处寻你的踪影，
每份记忆里早疏忽了你，如同秋天树叶落地；

你听，在这深深的夜里，可会有一丝声音？——

“志摩，你走了，你走了三年，我忘不掉你！”

（原载民国二十三年十一月二十一日

天津《大公报·文学》副刊第一二一期）

纪念志摩去世四周年

林徽因

今天是你走脱这世界的四周年！朋友，我们这次拿什么来纪念你？前两次的用香花感伤地围上你的照片，抑住嗓子底下叹息和悲哽，朋友和朋友无聊地对望着，完成一种纪念的形式，俨然是愚蠢的失败。因为那时那种近于伤感，而又不够宗教庄严的举动，除却点明了你和我们中间的距离，生和死的间隔外，实在没有别的成效，几乎完全不能达到任何真实纪念的意义。

去年今日我意外地由浙南路过你的家乡，在昏沉的夜色里我独立火车门外，凝望着那幽黯的站台，默默地回忆许多不相连续的过往残片，直到生和死间居然幻成一片模糊，人生和火车似的蜿蜒一串疑问在苍茫间奔驰。我想起你的：

火车擒住轨，在黑夜里奔
过山，过水，过……

如果那时候我的眼泪曾不自主地溢出睫外，我知道你定会原谅我的。你应当相信我不会向悲哀投降，什么时候我相信倔强地忠于生的，即使人生如你底下所说：

就凭那精窄的两道，算是轨，
驮着这份重，梦一般的累赘！

就在那时候我记得火车慢慢地由站台拖出一程一程地前进，我也随着酸怆的诗意，那“车的呻吟”，“过荒野，过池塘，……过噤口的村庄”。到了第二站——我的一半家乡。

今年又轮到今天这一个日子！世界仍旧一团糟，多少地方是黑云布满粗着筋络望理想的反面猛进，我并不在瞎说，当我写：

信仰只一细炷香，

那点子亮再经不起西风

沙沙的隔着梧桐树吹！

朋友，你自己说，如果是你现在坐在我这位子上，迎着这一窗太阳：眼看着菊花影在墙上描画作态，手臂下倚着两叠今早的报纸，耳朵里不时隐隐地听着朝阳门外“打靶”的枪弹声，意识的，潜意识的，要明白这生和死的谜，你又该写成怎样一首诗来，纪念一个死别的朋友？

此时，我却是完全的一个糊涂！习惯上我说，每桩事都像是造物的意旨，归根都是运命，但我明知道每桩事都像有我们自己的影子在里面烙印着！我也知道每一个日子是多少机缘巧合凑拢来拼成的图案，但我也疑问其间的排布谁是主宰。据我看来：死是悲剧的一章，生则更是一场悲剧的主干！我们这一群剧中的角色自身性格与性格矛盾，理智与情感两不相容，理想与现实当面冲突，侧面或反面激成悲哀。日子一天一天向前转，昨日和昨日堆垒起来混成一片不可避脱的背景，做成我们周遭的墙壁或气氲，那么结实又那么缥缈，使我们每一个人站在每一天的每一个时候里都是那么主要，又是那么渺小无能为！

此刻我几乎找不出一句话来说，因为，真的，我只是个完全的糊涂，感到生和死一样的不可解，不可懂。

但是我却要告诉你，虽然四年了你脱离去我们这共同活动的世界，本身停掉参加牵引事体变迁的主力，可是谁也不能否认，你仍立在我们烟涛渺茫的背景里，间接的是一种力量，尤其是在文艺创造的努力和信仰方面。间接的你任凭自然的音韵、颜色，不时的风轻月白，人的无定律的一切情感，悠断悠续地仍然在我们中间继续着生，仍然与我们共同交织着这生的纠纷，继续着生的理想。你并不离我们太远，你的身影永远挂在这里那里，同你生前一样的飘忽，爱在人家不经意时蓦止，带来勇气的笑声也终是那么嘹亮，还有，还有经过你热情或焦心苦吟的那些诗，一首一首仍串着许多人的心旋转。

说到您的诗，朋友，我正要正经地同你再说一些话。你不要不耐烦，这话迟早我们总要说清的。人说盖棺定论，前者早已成了事实，这后者在这四年中，说来叫人难受，我还未曾谈到一篇中肯或诚实的论评，虽然对你的赞美和攻讦由你去世后一两周间，就纷纷开始了。但是他们每人手里拿的都不像纯文艺的天秤，有的喜欢你的为人，有的疑问你私人的道德，有的单单尊崇你诗中所表现的思想哲学，有的仅喜爱那些软弱的细致的句子，有的每发议论必须牵涉到你的个人生活之合乎规矩方圆，或断言你是轻薄，或引证你是浮奢豪侈！朋友，我知道你从不介意过这些，许多人的浅陋老实或刻薄处你早就领略过一堆，你不止未曾生过气，并且常常表示怜悯同原谅。你的心情永远是那么洁净，头老抬得那么高，胸中老是那么完整的诚挚，臂上老有那么许多不折不挠的勇气。但是现在的情形与以前却稍稍不同，你自己既已不在这里，做你朋友的，眼看着你被误解，曲解，乃至于谩骂，有时真忍不住替你不平。

但你可别误会我心眼儿窄，把不相干的看成重要，我也知道误解曲解谩骂，都是不相干的，但是朋友，我们谁都需要有人了解我们的时候，真了解了我们，即使是痛下针砭，骂着了我们的弱处错处，那整个的我们却因而更增添了意义，一个作家文艺的总成绩更需要一种就文论文，就艺术论艺术的和平判断。

你在《猛虎集》序中说："世界上再没有比写诗更惨的事。"你却并未说明为什么写诗是一桩惨事，现在让我来个注脚好不好？我看一个人一生为着一个愚诚的倾向，把所感受到的复杂的情绪尝味到的生活，放到自己的理想和信仰的锅炉里烧炼成几句悠扬铿锵的语言（哪怕是几声小唱），来满足他自己本能的艺术的冲动，这本来是个极寻常的事，哪一个地方哪一个时代，都不断有这种人。轮着做这种人的多半是为着他情感来得比寻常人浓富敏锐，而为着这情感而发生的冲动更是非实际的——或不全是实际的——追求，而需要那种艺术的满足而已。说起来写诗的人的动机多么简单可怜，正是如你序里所说"我们都是受支配的善良的生灵"！虽然有些诗人因为他们的成绩特别高厚旷阔包括了多数人，或整个时代的艺术和思想的冲动，从此便在人中间披上神秘的光圈，使"诗人"两字无形中挂着崇高色彩。这样使一般努力于用韵文表现或描画人在自然万物相交错的情绪思想的，便被人的成见看作夸大狂的旗帜需要同时代人的极冷酷的讥讪和不信任来扑灭它，以挽救人类的尊严和健康。

我承认写诗是惨淡经营，孤立在人中挣扎的勾当，但是因为我知道太清楚了。你在这上面单纯的信仰和诚恳的尝试，为同业者奋斗，卫护他们情感的愚诚，称扬他们艺术的创造，自己从未曾求过虚荣，我觉得你始终是很逍遥舒畅的。如你自己所说“满头血水”你“仍不曾低头”，你自己相信“一点性灵还在那里挣扎”，“还想在实际生活的重重压迫下透出一些声响来”。

简单地说，朋友，你这写诗的动机是坦白不由自主的，你写诗的态度是诚实、勇敢，而倔强的。这在讨论你诗的时候，谁都先得明了的。

至于你诗的技巧问题，艺术上的造诣，在这新诗仍在彷徨歧路的尝试期间，谁也不能坚决地论断，不过有一桩事我很想提醒，现在讨论新诗的人，新诗之由于无条件无形制宽泛到几乎没有一定的定义时代，转入这讨论外形内容，以至于音节韵脚章句意象组织等艺术技巧问题的时期，即是根据着对这方面努力尝试过的那一些诗，你的头两个诗集子就是供给这些讨论见解最多材料的根据。外国的土话说“马总得放在马车的前面”，不是？没有一些尝试的成绩放在那里，理论家是不能老在那里发一堆空头支票的，不是？

你自己一向不止在那里倔强地尝试用功，你还曾用尽你所有活泼的热心鼓励别人尝试，鼓励“时代”起来尝试——这种工作是最犯风头嫌疑的，也只有你胆子大头皮硬顶得下来！我还记得你要印诗集子时我替你捏一把汗，老实说还替你在有文采的老前辈中间难为情过，我也记得我初听到人家找你办晨副时我的焦急，但你居然板起个脸抓起两把鼓锤子为文艺吹打开路乃至于扫地、铺鲜花，不顾旧势力的非难、新势力的怀疑，你干你的事“事在人为，做了再说”那股子劲，以后别处也很少见。

现在你走了，这些事渐渐在人的记忆中模糊下来，你的诗和文章也散漫在各小本集子里，压在有极新鲜的封皮的新书后面，谁说起你来，不是马马虎虎地承认你是过去中一个势力，就是拿能够挑剔看轻你的诗为本事（散文人家很少提到，或许“散文家”没有诗人那么光荣不值得注意）。朋友，这是没法子的事，我却一点不为此灰心，因为我有我的信仰。

我认为我们这写诗的动机既如前边所说那么简单愚诚，因在某一时，或某一刻敏锐地接触到生活上的锋芒，或偶然地触遇到理想峰巅上云彩星霞，不由得不在我们所习惯的语言中，编缀出一两串近于音乐的句子来，慰藉自己，解放自己，去追求超实际的真美，读诗者的反应一定有一大半也和我们这写诗的一样诚实天真，仅想在我们句子中间由音乐性的愉悦，接触到一些生活的底蕴渗合着美丽的憧憬，把我们的情绪给他们的情绪搭起一座浮桥，把我们的灵感，给他们生活添些新鲜，把我们的痛苦伤心再揉成他们自己忧郁的安慰！

我们的作品会不会长存下去，也就看它们会不会活在那一些我们从不认识的人，我们作品的读者，散在各时，各处互相不认识的孤单的人的心里的，这种事它自己有自己的定律，并不需要我们的关心的。你的诗据我所知道的，它们仍旧在这里浮沉流落，你的影子也就浓淡参差地系在那些诗句中，另一端印在许多不相识人的心里。朋友，你不要过于看轻这种间接的生存，许多热情的人他们会为着你的存在，而加增了生的意识的。伤心的仅是那些你最亲热的朋友们和同兴趣的努力者，你不在他们中间的事实，将要永远是个不能填补的空虚。

你走后大家就提议要为你设立一个“志摩奖金”来继续你鼓励人家努力诗文的素志，勉强象征你那种对于文艺创造拥护的热心，使不及认得你的青年人永远对你保存着亲热。如果这事你不觉到太寒伧不够热气，我希望你原谅你这些朋友们的苦心，在冥冥之中笑着给我们勇气来做这一蠢诚的事吧。

二十四年十一月十九日，北平

（原载民国二十四年十二月天津《大公报·文学》第五十六期）

悼志摩

林徽因

11 月 19 日我们的好朋友，许多人都爱戴的新诗人，徐志摩突兀地、不可信地、残酷地，在飞机上遇险而死去。这消息在二十日的早上像一根针刺触到许多朋友的心上，顿使那一早的天墨一般地昏黑，哀恸的哽咽锁住每一个人的嗓子。

志摩……死……谁曾将这两个句子联在一处想过！他是那样活泼的一个人，那样刚刚站在壮年的顶峰上的一个人。朋友们常常惊讶他的活动，他那像小孩般的精神和认真，谁又会想到他死？

突然的，他闯出我们这共同的世界，沉入永远的静寂，不给我们一点预告，一点准备，或是一个最后希望的余地。这种几乎近于忍心的决绝，那一天不知震麻了多少朋友的心！现在那不能否认的事实，仍然无情地挡在我们前面。任凭我们多苦楚的哀悼他的惨死，多迫切地希冀能够仍然接触到他原来的音容，事实是不会为体贴我们这悲念而有些许更改，而他也再不会为不忍我们这伤悼而有些许活动的可能！这难堪的永远静寂和消沉便是死的最残酷处。

我们不迷信的，没有宗教地望着这死的帷幕，更是丝毫没有把握。张开口我们不会呼吁，闭上眼不会入梦，徘徊在理智和情感的边沿，我们不能预期后会，对这死，我们只是永远发怔，吞咽苦涩的泪，待时间来剥削这哀恸的尖锐，痂结我们每次悲悼的创伤。那一天下午初得到消息的许多朋友不是全跑到胡适之先生家里么？但是除去拭泪相对，默然围坐外，谁也没有主意，谁也不知有什么话说，对这死！

谁也没有主意，谁也没有话说！事实不容我们安插任何的希望，情感不容我们不伤悼这突兀的不幸，理智又不容我们有超自然的幻想！默然相对，黯然围坐……而志摩则仍是死去没有回头，没有音讯。永远地不会回头，永远地不会再有音讯。

我们中间没有绝对信命运之说的，但是对着这不测的人生，谁不感到惊异，对着那许多事实的痕迹又如何不感到人力的脆弱，智慧的有限。世事尽有定数？世事尽是偶然？对这永远的疑问我们什么时候能有完全的把握？

在我们前边展开的只是一堆坚质的事实：

“是的，他十九晨有电报来给我……

“十九早晨，是的！说下午三点准到南苑，派车接……

“电报是九时从南京飞机场发出的……

“刚是他开始飞行以后所发……

“派车接去了，等到四点半……说飞机没有到……

“没有到……航空公司说济南有雾……很大……”只是一个钟头的差别：下午三时到南苑，济南有雾！谁相信就是这一个钟头中便可以有这么不同事实的发生，志摩，我的朋友！

他离平的前一晚我仍见到，那时候他还不知道他次晨南旅的，飞机改期过三次，他曾说如果再改下去，他便不走了的。我和他同由一个茶会出来，在总布胡同口分手。

在这茶会里我们请的是为太平洋会议来的一个柏雷博士，因为他是志摩生平最爱慕的女作家曼殊斐尔的姐丈，志摩十分的殷勤；希望可以再从柏雷口中得些关于曼殊斐尔早年的影子，只因限丁时间，我们茶后匆匆地便散了。晚上我有约会出去了，回来时很晚，听差说他又来过，适遇我们夫妇刚走，他自己坐了一会儿，喝了一壶茶，在桌上写了些字便走了。我到桌上一看：

“定明早六时飞行，此去存亡不卜……”我怔住了，心中一阵不痛快，却忙给他一个电话。

“你放心。”他说，“很稳当的，我还要留着生命看更伟大的事迹呢，哪能便死？……”

话虽是这样说，他却是已经死了整两周了！凡是志摩的朋友，我相信全懂得，死去他这样一个朋友是怎么一回事！

现在这事实一天比一天更结实，更固定，更不容否认。志摩是死了，这个简单残酷的实际早又添上时间的色彩，一周，两周，一直地增长下去……

我不该在这里语无伦次地尽管呻吟我们做朋友的悲

哀情绪。归根说，读者抱着我们文字看，也就是像志摩的请柏雷一样，要从我们口里再听到关于志摩的一些事。这个我明白，只怕我不能使你们满意，因为关于他的事，动听的，使青年人知道这里有个不可多得的人格存在的，实在太多，绝不是几千字可以表达得完。谁也得承认像他这样的一个人世间便不轻易有几个的，无论在中国或是外国。

我认得他，今年整十年，那时候他在伦敦经济学院，尚未去康桥。我初次遇到他，也就是他初次认识到影响他迁学的狄更生先生。不用说他和我父亲最谈得来，虽然他们年岁上差别不算少，一见面之后便互相引为知己。他到康桥之后由狄更生介绍进了皇家学院，当时和他同学的有我姐丈温君源宁。一直到最近两个月中源宁还常在说他当时的许多笑话，虽然说是笑话，那也是他对志摩最早的一个惊异的印象。志摩认真的诗情，绝不含有任何矫伪，他那种痴，那种孩子似的天真实能令人惊讶。源宁说，有一天他在校舍里读书，外边下起了倾盆大雨——忽然他听到有人猛敲他的房门，外边跳进一个被雨水淋得全湿的客人。

不用说他便是志摩，一进门一把扯着源宁向外跑，说快来我们到桥上去等着。这一来把源宁怔住了，他问志摩等什么在这大雨里。志摩睁大了眼睛，孩子似的高兴地说“看雨后的虹去”。源宁不只说他不去，并且劝志摩趁早将湿透的衣服换下，再穿上雨衣出去，英国的湿气岂是儿戏，志摩不等他说完，一溜烟地自己跑了。

以后我好奇地曾问过志摩这故事的真确，他笑着点头承认这全段故事的真实。我问：那么下文呢，你立在桥上等了多久，并且看到虹了没有？他说记不清，但是他居然看到了虹。我诧异地打断他对那虹的描写，问他：怎么他便知道，准会有虹的？他得意地笑答我说：“完全诗意的信仰！”

“完全诗意的信仰”，我可要在这里哭了！也就是为这“诗意的信仰”他硬要借航空的方便达到他“想飞”的夙愿！“飞机是很稳当的，”他说，“如果要出事那是我的运命！”他真对运命这样完全诗意的信仰！

志摩，我的朋友，死本来也不过是一个新的旅程，我们没有到过的，不免过分地怀疑，死不定就比这生苦，“我们不能轻易断定那一边没有阳光与人情的温慰”，但是我前边说过最难堪的是这永远的静寂。我们生在这没有宗教的时代，对这死实在太没有把握了。这以后许多思念你的日子，怕要全是昏暗的苦楚，不会有一点点光明，除非我也有你那美丽的诗意的信仰！

我个人的悲绪不竟又来扰乱我对他生前许多清晰的回忆，朋友们原谅。

诗人的志摩用不着我来多说，他那许多诗文便是估价他的天平。我们新诗的历史才是这样的短，恐怕他的判断人尚在我们儿孙辈的中间。我要谈的是诗人之外的志摩。人家说志摩的为人只是不经意的浪漫，志摩的诗全是抒情诗，这断语从不认识他的人听来可以说很公平，从他朋友们看来实在是对不起他。志摩是个很古怪的人，浪漫固然，但他人格里最精华的却是他对人的同情、和蔼和优容；没有一个人他对他不和蔼，没有一种人，他不能优容，没有一种的情感，他绝对地不能表同情。我不说了解，因为不是许多人爱说志摩最不解人情么？我说他的特点也就在这上头。

我们寻常人就爱说了解：能了解的，我们便同情；不了解的，我们便很落寞乃至于酷刻。表同情于我们能了解的，我们以为很适当；不表同情于我们不能了解的，我们也认为很公平。志摩则不然，了解与不了解，他并没有过分地夸张，他只知道温存、和平、体贴。只要他知道有情感的存在，无论出自何人，在何等情况下，他理智上认为适当与否，他全能表几分同情，他真能体会原谅他人与他自己不相同处。从不会刻薄地单支出严格的迫仄的道德的天平，指摘凡是与他不同的人。他这样的温和，这样的优容，真能使许多人惭愧，我可以忠实地说，至少他要比我们多数的人伟大许多；他觉得人类各种的情感动作全有它不同的，价值放大了的人类的眼光，同情是不该只限于我们划定的范围内。他是对的，朋友们，归根说，我们能够懂得几个人，了解几桩事，几种情感？哪一桩事，哪一个人没有多面的看法？为此说来志摩的朋友之多，不是个可怪的事：凡是认得他的人不论深浅对他全有特殊的感情，也是极为自然的结果。而反过来看他自己在他一生的过程中却是很少得着同情的。不只如是，他还曾为他的一点理想的愚诚几次几乎不见容于社会。但是他却未曾为这个而鄙吝他给他人的同情心，他的性情，不曾为受了刺激而转变刻薄暴戾过，谁能不承认他几有超人的宽量。

志摩的最动人的特点，是他那不可信的纯净的天真，对他的理想的愚诚，对艺术欣赏的认真，体会情感的切实，全是难能可贵到极点。他站在雨中等虹；他甘冒社会的大不韪争他的恋爱自由；他坐曲折的火车到乡间去拜哈代；他抛弃博士一类的引诱卷了书包到英国，只为要拜罗素做老师；他为了一种特异的境遇，一时特异的感动，从此在生命途中冒险，从此抛弃所有的旧业，只是尝试写几行新诗——这几年新诗尝试的运命并不太令人踊跃，冷嘲热骂只是家常便饭——他常能走几里路去采几茎花，费许多周折去看一个朋友说两句话；这些，还有许多，都不是我们寻常能够轻易了解的神秘。我说神秘，其实竟许是傻，是痴！事实上他只是比我们认真，虔诚到傻气，到痴！他愉快起来他的快乐的翅膀可以碰得到天；他忧伤起来，他的悲戚是深得没有底。寻常评价的衡量在他手里失了效用，利害轻重他自有他的看法，纯是艺术的情感的脱离寻常的原则，所以往常人常听到朋友们说到他总爱带着嗟叹的口吻说:“那是志摩,你又有什么法子！”他真的是个怪人么?朋友们，不，一点都不是，他只是比我们近情、近理，比我们热诚，比我们天真，比我们对万物都更有信仰，对神、对人、对灵、对自然、对艺术!

朋友们，我们失掉的不只是一个朋友，一个诗人，我们丢掉的是个极难得可爱的人格。

至于他的作品全是抒情的么？他的兴趣只限于情感么？更是不对。志摩的兴趣是极广泛的。就有几件，说起来，不认得他的人便要奇怪。他早年很爱数学，他始终极喜欢天文，他对于天上星宿的名字和部位就认得很多，最喜暑夜观星，好几次他坐火车都是带着关于宇宙的科学的书。他曾经译过爱因斯坦的相对论，并且在1922年便写过一篇关于相对论的东西登在《民铎》杂志上。他常向思成说笑：“任公先生的相对论的知识还是从我徐君志摩大作上得来的呢，因为他说他看过许多关于爱因斯坦的哲学都未曾看懂，看到志摩的那篇才懂了。”今夏我在香山养病，他常来闲谈，有一天谈到他幼年上学的经过和美国克莱克大学两年学经济学的景况，我们不禁对笑了半天，后来他在他的《猛虎集》的“序”里也说了那么一段。可是奇怪的！他不像许多天才，幼年里上学，不是不及格，便是被斥退，他是常得优等的，听说有一次康乃尔暑校里一个极严的经济教授还写了信去克莱克大学教授那里恭维他的学生，关于一门很难的功课。我不是为志摩在这里夸张，因为事实上只有为了这桩事，今夏志摩自己便笑得不亦乐乎！

此外，他的兴趣对于戏剧、绘画都极深浓，戏剧不用说，与诗文是那么接近，他领略绘画的天才也颇为可观，后期印象派的几个画家，他都有极精密的爱恶，对于文艺复兴时代那几位，他也很熟悉，他最爱鲍蒂切利和达文骞[①]。自然他也常承认文人喜画常是间接地受了别人论文的影响，他的，就受了法兰（Roger Fry）和斐德（Walter Pater）的不少。对于建筑审美他常常对思成和我道歉说：“太对不起，我的建筑常识全是Ruskins那一套。”他知道我们是

① 今译波提切利、达·芬奇。

讨厌 Ruskins 的。但是为看一个古建的残址，一块石刻，他比任何人都热心，都更能静心领略。

他喜欢色彩，虽然他自己不会作画，暑假里他曾从杭州给我几封信，他自己叫它们作“描写的水彩画”，他用英文极细致地写出西边桑田的颜色，每一分嫩绿，每一色鹅黄，他都仔细地观察到。又有一次他望着我园里一带断墙半晌不语，过后他告诉我说，他正在默默体会，想要描写那墙上向晚的艳阳和刚刚入秋的藤萝。

对于音乐，中西的他都爱好，不只爱好，他那种热心便唤醒过北京一次——也许唯一的一次——对音乐的注意。谁也忘不了那一年，克拉斯拉到北京在“真光”拉一个多钟头的提琴。对旧剧他也得算“在行”，他最后在北京那几天我们曾接连地同去听好几出戏，回家时我们讨论的热闹，比任何剧评都诚恳、都起劲。

谁相信这样的一个人，这样忠实于“生”的一个人，会这样早地永远地离开我们另投一个世界，永远地静寂下去，不再透些许声息！

我不敢再往下写，志摩若是有灵，听到比他年轻许多的一个小朋友拿着老声老气的语调谈到他的为人，不觉得不快么？这里我又来个极难堪的回忆，那一年他在这同一个的报纸上写了那篇伤我父亲惨故的文章，这梦幻似的人生转了几个弯，曾几何时，却轮到我在这风紧夜深里握吊他的惨变。这是什么人生？什么风涛？什么道路？志摩，你这最后的解脱未始不是幸福，不是聪明，我该当羡慕你才是。

云 游

谢 冕

在记忆中永存

悄悄的我走了，

正如我悄悄的来；

我挥一挥衣袖，

不带走一片云彩。

——《再别康桥》

他是这么悄悄地来，又这么悄悄地去了。他虽然不曾带走人间的一片云彩，却把永远的思念留给了中国诗坛。像徐志摩这样做一个诗人是幸运的，因为他被人们谈论。

要知道，不是每一个写诗的人都能获得这般宠遇的。也许一个诗人生前就寂寥，也许一个诗人死后就被忘却。历史有时显得十分冷酷。徐志摩以他短暂的一生而被人们谈论了这么久（相信今后仍将被谈论下去），而且谈论的人们中毁誉的“反差”是如此之大，这一切就说明了他的价值。不论是人们要弃置他，或是要历史忘掉他，也许他真的曾被湮没，但他却在人们抹不掉的记忆中顽强地存在着。

愈复杂愈有魅力

半个多世纪过去了，我们今天仍然觉得他以 35 岁的年华而“云游”不返是个悲剧。但是，诗人的才情也许因这种悲剧性的流星般的闪现而益显其光耀：普希金死于维护爱情尊严的决斗，雪莱死于大海的拥抱，拜伦以英国公民的身份而成为希腊的民族英雄，在一场大雷雨中结束了生命……当然，徐志摩的名字不及他们辉煌。他的一生尽管有过激烈的冲动，爱情的焦躁与渴望，内心也不乏风暴的来袭，但他也只是这么并不轰轰烈烈地甚至是悄悄地来了，又悄悄地去了。但这一来一去之间，却给我们留下了恒久的思念。

也许历史正是这样启示着人们，愈是复杂的诗人，就愈是有魅力。因为他把人生的全部复杂性作了诗意的提炼，我们从中不仅窥见自己，而且也窥见社会。而这一切，要不凭借诗人的笔墨，常常是难以曲尽其幽的。

这是一位生前乃至死后都有争议的诗人。像他这样一位出身于巨商名门的富家子弟，社交极广泛，又在剑桥那样相当贵族化的学校受到深刻熏陶的人，（正如他在《吸烟与文化》中说的："就我个人说，我的眼是康桥教我睁的，我的求知欲是康桥给我拨动的，我的自由的意识，是康桥给我胚胎的。"）他的思想的驳杂以及个性的凸现，自然会很容易地被判定为不同于众的布尔乔亚的诗人，特别是在20世纪二三十年代之交那种革命情绪高涨的年代。

茅盾以阶级意识对徐志摩所做的判断，即使在现在读来，也还是给人以深刻印象的："志摩是中国布尔乔亚'开山'的同时，又是'末代'的诗人。""圆熟的外形，配着淡到几乎没有的内容，而且这淡极了的内容，也不外乎感伤的情绪，轻烟似的微哀，神秘的、象征的依恋感喟追求：这些都是发展到最后一阶段的、现代布尔乔亚诗人的特色。”[①] 茅盾从徐志摩《婴儿》一诗入手，分析徐志摩所痛苦地期待着的“未来的婴儿”乃是“英美式的资产阶级的德谟克拉西。”但是茅盾依然注意到了徐志摩自己颇为得意的一位朋友对他的两个字的评语：这便是“浮”和“杂”（“志摩感情之浮，使他不能为诗人，思想之杂，使他不能为文人”[②]）。这两个字概括了这位诗人性格和思想的特点。徐志摩思想的“杂”是与他为人处世的“浮”联系在一起的。“他没有闻（一多）氏那样精密，但也没有他那样冷静。他是跳着溅着不舍昼夜的一道生命水。”[③] 朱自清这一评语是知人之言。他接受得快，但却始终在波动之中。

---

① 茅盾：《徐志摩论》。

② 见陈从周《徐志摩年谱》第 54 页。徐志摩在引用这两句话后写道：“这是一个朋友给我的评语。煞风景，当然，我的幽默不容我不承认他这来真的辣入骨髓地看透了我。”

③ 朱自清：《中国新文学大系诗集·导言》。

茅盾对徐志摩的批判是尖锐的。人们今天可能会不赞成他的判断，但这种判断是建立于具体材料之上的，没有后来为我们所熟悉的那种极端化。在相当长的时期内，人们习惯于以《秋虫》《西窗》两诗的个别诗句和基本倾向给徐志摩“定性”。但是，思想驳杂的徐志摩的确也有过相当闪光的思想火花。他曾经热情赞美过苏联革命：“那红色是一个伟大的象征，代表人类史里最伟大的一个时期；不仅标示俄国民族流血的成绩，却也为人类立下了一个勇敢尝试的榜样。”他在这篇题为《落叶》的讲演的最后用英语所呼喊的“Everlasting yea！”（“永远用积极的态度去对待人生”），应当说是真诚的。

徐志摩为世人所诟病的《秋虫》《西窗》二诗均发表于1928年。也就是这一年，徐志摩在五三惨案当日的日记中对时事发表了相当激烈的意见：“上面的政府也真是糟，总司令不能发令的，外交部长是欺骗专家，中央政府是昏庸老朽收容所，没有一件我们受人侮辱的事不可以追源到我们自己的昏庸。”（《志摩日记》）同年7月，在美国哥伦比亚大学致恩厚之信中，谈到国内形势：“虽然国民党是胜利了，但中国经历的灾难极为深重。”[①]又，在纽约致安德鲁信：“内战白热化，毫无原则的毁灭性行动弄到整个社会结构都摇动了。少数有勇气敢抗议的人简直是在荆棘从中过日子……”[②]同年12月23日致陆小曼信，谈旅途中见到劳苦者生活状况时的心情：“回想我辈穿棉食肉，居处奢华，尚嫌不足，这是何处说起”，“我每当感情冲动时，每每自觉惭愧，总有一天，我也到苦难的人生中间去尝一份甘苦。”[③]

徐志摩就是这样的一位说不清楚的复杂的人。他一方面可以对1789年的法国大革命极为景仰，一方面又可以极有兴味地谈论巴黎令人目眩的糜烂以及那里的“艳丽的肉”[④]。他的思想驳杂这一事实，长期地受到了忽视。特别是五十年代以后，一些评论家论及他的艺术，往往以漫不经心的方式进行概括，判之以“唯美”“为艺术而艺术”一类结论；论及他的思想倾向，则更为粗暴，大概总是“反

① 邵华强：《徐志摩文学系年》。
② 同上。
③ 同上。
④ 徐志摩：《巴黎的鳞爪》。

动、消极、感伤”一类。

建立在这样一种并不全面的认识基础之上，否定一位有才华的诗人的地位是容易的。不容易的是改变一种旧观念和建立一种新观念。这种新观念是承认诗人作为人，他有自己的素质（包括他对人生和历史的基本态度）以及可能有的局限，并且承认产生这种现象是自然的。诗人作为一个易于受到社会的和自然的各种条件影响的人，他的思想情感是一种动态的存在，前进或后退都是可以理解的必然。

我们要求于诗人的首先是真。真正的诗人必须是真实的人，作为社会的人。这本身就先天地意味着“不单纯”。要是我们以这种观念看徐志摩，那末，在徐志摩身上体现出来的复杂、矛盾、不单纯，正是作为诗人所必有的素质。我们不妨进一步论证：处于徐志摩那样的年代，一批出国留学的知识分子，因长期的闭塞而对世界上的事物怀有新鲜感，他们的广泛兴趣和不及分析的“吞噬”，不仅是求知欲的显示，而且体现了“寻找药方”的热情。所谓的——

我不知道风
是在那一个方向吹——
我是在梦中，
黯淡是梦里的光辉。

这当然表现了他的惶惑。但是，这惶惑却正是“风来四面”的急切间，难以判断与选择的复杂局面所造成。

当时的知识界普遍地有一种以学业报效国家的热情，徐志摩无疑也怀有这样的信念。1918 年，徐志摩离国后曾作《启行赴美分致亲友书》:“今弃祖国五万里,违父母之养，入异俗之域，舍安乐而耽劳苦，固未尝不痛心欲泣，而卒不得已者，将以忍小剧而克大绪也。耻德业之不立，遑恤斯须之辛苦，悼邦国之殄瘁，敢恋晨昏之小节，刘子舞剑，良有以也，祖生击楫，岂徒然哉。”徐志摩曾经作过《自剖》《再剖》。他对自己的解剖是无情的，他也深知自己的性格 :“我的心灵的活动是冲动性的，简直可以说痉挛性的。”(《落叶》)

只要我们不把诗人当作超人，那么，以一句或两句不理想的诗来否定一个诗人丰富的和复杂的存在的偏向，就会失去全部意义。显然是结束上述状态的时候了。因为新的时代召唤我们审视历史留下的误差，并提醒我们注意像徐志摩这样长期受到另种看待的诗人重新唤起人们热情的原因。

文化性格：一种新的融汇

从清末以来，中国先进知识界不同程度地有了一种向着西方寻求救国救民道理的觉醒。由于长期的闭锁状态，中国知识分子接触外来文化时一般总持着一种“拿来”使用的直接功利目的。更有甚者，他们急于把这一切“中国化”（有时则干脆叫做“民族化”），即以中国的思维观念模式急切地把外来文化予以“中国式”的改造。因此，一般的表现形态是“拿来就用”“拿来就走”，很少能真正“溶入”这个交流，并获得一个宽广的文化视野，从而加入到世界文化的大系统中成为其中的一个有机组成部分。中国传统文化性格的闭锁性，限制了许多与西方文化有过直接接触的人们的充分发展。徐志摩在这个交流中的某些特点，也许是我们期待的。他的“布尔乔亚诗人”的名称，也许与他的文化性格的“西方化”有关。这从另一侧面看，却正是徐志摩有异于他人的地方。在新文学历史中，像徐志摩这样全身心“溶入”世界文化海洋而摄取其精髓的人是不多的。不无遗憾的是，他的生命过于短暂，他还来不及充分地施展。但是，即使在有限的岁月中，他的交游的广泛和深入是相当引人注目的。

1918 年夏，徐志摩离国去美。1920 年得哥伦比亚大学文学硕士学位后离美赴英，一心要跟罗素学习。他在《我所知道的康桥》中说：“我到英国是为要从罗素。……我摆脱了哥伦比亚大博士衔的引诱，买船票过大西洋，想跟这位二十世纪的福禄泰尔认真念一点书去。”这个愿望因罗素在剑桥的特殊变动而未果。但次年他还是与罗素会了面。

徐志摩于 1922 年会见英国女作家曼殊斐尔。这次会见留给他毕生不忘的记忆。“我见曼殊斐尔，比方说只不过二十分钟模样的谈话，但我怎么能形容我那时在美的神奇的启示中的全生的震荡？——我与你虽一度相见——但那二十分不死的时间，果然，要不是那一次巧合的相见，我这一辈子，就永远也见不着她——会面后不到六个月她就死了。”从《哀曼殊斐尔》中可以看出他们由片刻造成的永恒的友谊：

我昨夜梦入幽谷，
听子规在百合丛中泣血，
我昨夜梦登高峰，
见一颗光明泪自天堕落。
……
我与你虽仅一度相见——
但那二十分不死的时间！
谁能信你那仙姿灵态，
竟已朝雾似的永别人间？

至于徐志摩与印度诗人泰戈尔的友谊，更是中印文化交流中的一段佳话。他与泰戈尔的认识，是从他负责筹备接待工作开始的。他们的交往迅速发展为深厚的个人友谊。1929 年 3 月 19 日，泰戈尔专程自印度来上海徐志摩家中做客，二三天后始去美国、日本讲学。泰戈尔回国途中又住徐家。据陆小曼介绍，“泰戈尔对待我俩像自己的儿女一样的宠爱”，而且向他的朋友们介绍他们是他的儿子、儿媳（陆小曼 :《泰戈尔在我家做客》)。

在徐志摩那里，由于视野的开阔，培养了一个世界性的文化性格。他对于世界了解的迫切感，那种因隔膜而产生的强烈求知欲，对当时中国一批最先醒悟的知识分子的文化倾向有很大的影响。徐志摩是这批知识分子中行动最力的一位。他对外来文化的态度不是停留于一般的了解，而是一种积极的加入。

热情好动的习性，使徐志摩拥有众多的朋友。“志摩的国际学术交往也是频繁的。他被选为英国诗社社员，‘笔会’中国分会理事，印度老诗人泰戈尔与他最是忘年之交，还与英国哈代、赖斯基、威尔斯，法国罗曼 · 罗兰等都有交往。”（陈从周 :《记徐志摩》）据陆小曼回忆，“志摩是个对朋友最热情的人，所以他的朋友很多，我家是常常座上客满的：连外国朋友都跟他亲善，如英国的哈代、狄更生、迦耐脱。”（《泰戈尔在我家做客》）这种交往基于深刻的内心要求，而不是外在原因的驱遣。

据邵华强《徐志摩文学系年》及徐志摩《欧游漫记》，1925年出国期间他的活动充分体现了上述的特点：3月下旬拜访托尔斯泰的女儿，祭扫克鲁泡特金、契诃夫、列宁墓；4月初赴法国，祭扫波特莱尔、小仲马、伏尔泰、卢梭、雨果、曼殊斐尔等人墓；在罗马，上雪莱、济慈墓……徐志摩说自己：“我这次到来倒像是专做清明来的。”

他显然不是作为一位旅游者，甚至还不仅是怀着文化景仰的心情进行这些活动的。他是主动深入另一种文化氛围，最终也还是提供一种参照。1924年写的《留别日本》，留别的是日本，寄托的是故国的沉思，以及使命感的萌醒。目睹日本对于往古风尚的保全，他掩抑不住内心的羡慕，为祈祷“古家邦的重光”，他深深地陷入沉思：

> 但这千余年的痿痹，千余年的懵懂：

更无从辨认——当初华族的优美，从容！

摧残这生命的艺术，是何处来的狂风？

缅念那遍中原的白骨，我不能无恫！

……

我欲化一阵春风，一阵吹嘘生命的春风，

催促那寂寞的大木，惊破他深长的迷梦；

我要一把崛强的铁锹，铲除淤塞与臃肿，

开放那伟大的潜流，又一度在宇宙间汹涌。

徐志摩这番感慨因人及己而发，由此可以窥见他旨在“惊破他深长的迷梦”的愿心。徐志摩在西方文化面前表现出相当程度的迷恋，如他在《巴黎的鳞爪》中所显示的陶醉感，便是此种表现。但这正是徐志摩复杂性之所在。要是不存在这种复杂性，徐志摩也就失去他的有局限的存在。

东西方文化的隔膜太遥远。由于国情，也由于语言、文字，中国知识分子在世界性的交往中，往往充当了“孤独者”的角色。能够像徐志摩这样以充分的认同，而又不忘借他山之石以攻玉的诗人是很少的。要是他活得更长一些，随着他年龄的增长、影响的扩大，他一定会在促进东西方的交流与了解中起更为显著的作用。

诗艺的“创格”

“整十年前我吹着了一阵奇异的风，也许照着了什么奇异的月色，从此起我的思想就倾向于分行的抒写。一份深刻的忧郁占定了我；这忧郁，我信，竟于渐渐的潜化了我的气质。”

这里所述是1921年徐志摩开始诗歌创作的最初半年的情景。那诗情竟如山洪暴发，不择方向地乱冲：

生命受了一种伟大力量的震撼，什么半成熟的未成熟的意念都在指顾间散作缤纷的花雨。我那时是绝无依傍，也不知顾虑，心头有什么郁积，就付托腕底胡乱给爬梳了去，救命似的迫切，那还顾得了什么美丑！我在短时期内写了很多，但几乎全部都是见不得人面的。这是一个教训。

——《猛虎集·序》

徐志摩1921年的诗作据邵华强考订“绝大部分已经散失”，另有一部分未曾入集。这说明了他对此类作品的基本态度，即他不仅对自己早期的艺术追求，而且对进入20世纪20年代的中国新诗的反思。如今我们从《夜》（1922）、《私语》（1922）等一类诗作看来，散文化的现象甚为明显。《康桥，再会罢》一诗，《时事新报·学灯》的编者开始也把它当作散文来排（后重排发表）。这说明他当时的创作还未能与五四新诗运动初期尚直白、少含蕴，以及形式趋于散漫的诗风相区别。上述《猛虎集·序》中的一番话，已经预示了新月诗派早期的某些艺术变格的因素。

新诗自胡适等人开始倡导，文学研究会诸诗人以质朴无华的自由诗风奠下基础，至创造社郭沫若《女神》的出现而臻于自立的佳境。但新诗因对旧诗的抗争而忽视艺术形式的完美则是一种缺陷。新月派以闻一多、徐志摩为代表的新诗“创格”运动，是针对这一历史缺陷而提出的。

1926年徐志摩提出“要把创格的新诗当一件认真事情做”，“我们信我们这民族这时期的精神解放或精神革命没有一部像样的诗式的表现是不完全的；我们信我们自身灵性里以及周遭空气里多的是要求投胎的思想的灵魂，我们的责任是替它们搏造适当的躯壳，这就是诗文与各种美术的新格式与新音节的发见。”（《诗刊弁言》）

中国新诗史上第一次有组织的格律诗运动是由闻一多、徐志摩领导的，他们以《晨报副刊·诗镌》为阵地，鲜明地提出自己的艺术主张。所谓新月诗派即指此。新月派的艺术实践对于早期新诗的散漫倾向确是勇敢有力的反拨。要是说，在此之前的新诗运动，重点在于争取白话新诗地位的确立，以及诗歌内容更加贴近现代社会生活和现实人生的争取；那么，在此之后，以新月派为中心的新诗运动的目的，则在于新诗向着艺术自身本质的靠近。这一历史性功绩曾长期受到歧视和曲解。这一事实的存在，并不以新月派本身究竟有多少弱点为判断之依据。徐志摩是这一派理论的最忠实的实践者，正如朱自清说的，他努力于“体制的输入与试验”，而且“他尝试的体制最多”[①]。

新诗自五四起始，到新月派的锐意“创格”，这个过程体现新诗开始成熟地把目光转向诗艺的探求。陈梦家讲的“主张本质的醇正、技巧的周密和格律的严谨”[②]，正是这种探求的理论概括。也许就是从徐志摩开始，诗人们把情感的反复吟咏当作了一种合理的正常的追求，而不再把叙述和说明当作基本的和唯一的目的。徐志摩的一些名篇如《为要寻一颗明星》《苏苏》《再不见雷峰》《半夜深巷琵琶》等，都追求把活泼的情绪纳入一个严谨的框架，以有变化的复沓来获得音乐的效果。

他的《我不知道风是在那一个方向吹》曾经受到茅盾的批评。茅盾讲：“我们能够指出这首诗形式上的美丽：章法很整饬，音调是铿锵的。但是这位诗人告诉了我们什么呢？这就只有很少很少一点儿。”[③]这首诗以单纯的复沓展现不定的绵延意绪，若就它“告诉了我们什么”作内容

① 朱自清：《中国新文学大系·诗集·导言》。
② 陈梦家：《新月诗选·序言》。
③ 茅盾：《徐志摩论》。

的考察，则确乎是“很少很少”的。但对于一种凄迷的、彷徨的心绪的抒写，这种“回肠荡气”的回环往复，却体现了一种新的诗美价值——这一价值是不以说了多少内容为衡量之标准的。该诗共有六节，每节均四行，其中两行是完全相同的——“我不知道风是在那一个方向吹”。而正是此种重复才产生了回肠荡气的音乐效果。又如《为要寻一颗明星》：

我骑着一匹拐腿的瞎马，
向着黑夜里加鞭；
向着黑夜里加鞭，
我跨着一匹拐腿的瞎马。
我冲入这黑绵绵的昏夜，
为要寻一颗明星；
为要寻一颗明星，
我冲入这黑茫茫的荒野。

格式是单纯的，诗句也是单纯的，但自定的诗格中却繁衍出丰富的节律变化。着意的复沓，大部相同中微小的变异，造出既繁富又单纯的综合美感；通过有规律的变化，把寻求理想的艰难行旅写得极其动人——寻找明星的追求者的最后的殒身，终以乐观调子完成悲哀的美。

徐志摩的复杂而认真的实践，造出了迷人的艺术奇观。一方面，他的确是"纯艺术"的忠实实行者，说他的趣味有点贵族化实在并不过分。他的诗歌本质只要举如同《沙扬娜拉一首》那样的诗，便足以说明一切。我们从他的那些精心结构的典雅的艺术建筑中，看到的是《残诗》那样一点也不"残"的艺术完整性。在那里，几乎每一个音节都是经过精心选择后安放在最妥切的位置上的。最奇异的现象是它能以纯粹的口语，展示那种失去锦衣玉食的没落的哀叹；那种无可奈何的眷恋，被极完美的音韵包裹起来，而且闪闪发光。

徐志摩让人捉摸不透，他的存在就是一个矛盾杂糅的奇迹。一方面，他拥有五光十色的巴黎，剑桥河上的灯影波光，与世界上最有文化的高贵的先生女士的交往。他的诗也充满了那种豪华富贵的天上的情调：

她是睡着了——
星光下一朵斜欹的白莲；
她入梦境了——
香炉里袅起一缕碧螺烟。
她是眠熟了——
润泉幽抑了喧响的琴弦；
她在梦乡了——
粉蝶儿，翠蝶儿，翻飞的欢恋。

——《她是睡着了》

另一方面，他又有《叫化活该》那样对社会最卑微者的同情。在此类诗篇中，他可以非常出色地把“最卑贱”的语言镶嵌在他那依然完好的艺术框架之中，如——

“行善的大姑，修好的爷，”
西北风尖刀似的猛刺着他的脸，
“赏给我一点你们吃剩的油水吧！”

一团模糊的黑影，挨紧在大门边。

他用“硖石土白”写成的《一条金色的光痕》，也是这样一种从内容到形式都是奇妙的“土洋结合”的艺术精品。这种汇聚矛盾于一体的完美纯净的境界，在五四以后的诗人中很少有人能够达到。他以一个从里到外都十分布尔乔亚化的诗人，自愿“降格”写《庐山石工歌》那样堪称作典型的“下里巴人”的“唉浩”之歌。1925 年 3 月徐志摩赴苏联访问途经西伯利亚，写信给《晨报副刊》刘勉己说该诗的写作：“住庐山一个半月，差不多每天都听着那石工的喊声，一时缓，一时急，一时断，一时续，一时高，一时低，尤其是在浓雾凄迷的早晚，这悠扬的音调在山谷里震荡着，格外使人感动，那是痛苦人间的呼吁，还是你听着自己灵魂里的悲声？”[①] 这首《庐山石工歌》内容空泛、艺术平庸，诚如周良沛说的：“作者写的附记比原诗还有意思。”[②] 但徐志摩写这首诗时心中回响着“表现俄

① 徐志摩《庐山石工歌》附录《致刘勉己函》。

② 周良沛：《徐志摩诗集·编后》。

国民族伟大沉默的悲哀”的《伏尔加船夫曲》的动人号子声，他无疑受到了感动。它让我们窥见徐志摩彷徨于夜路中的火光。

他保举自己作情人

徐志摩的爱情诗为他的诗名争得了很大的荣誉，但这类爱情诗又使他遭到更大的误解。艾青说他“擅长的是爱情诗”，“他在女性面前显得特别饶舌”（《中国新诗六十年》），就体现了批判的意向。徐志摩江南才子型的温情在他的爱情诗中有鲜明的展示。这些诗确有真实生活写照的成分。但对此理解若是过实了，难免要产生误差。好在人们对此均有不同程度的警觉。朱自清说：“他的情诗，为爱情而咏爱情：不一定是实生活的表现，只是想象着自己保举自己作情人，如西方诗家一样。”[①] 茅盾讲：“我以为志摩的许多披着恋爱外衣的诗，不能够当作单纯的情诗看的；

---

① 朱自清：《中国新文学大系·诗集·导言》。

透过那恋爱的外衣，有他的那个对于人生的单纯信仰。”[①]这些评论都精辟地指出了徐志摩的“假想”的恋爱。这种发现对于揭示徐志摩作为一位重要诗人的奥秘有重大的价值。

徐志摩的诗风受英国诗的影响很大。卞之琳对此做过精确的说明：“尽管徐志摩在身体上、思想上、感情上，好动不好静，海内外奔波‘云游’，但是一落到英国、英国的 19 世纪浪漫派诗境，他的思想感情发而为诗，就从没有能超出这个笼子。”“尽管听说徐志摩也译过美国民主诗人惠特曼的自由体诗，也译过法国象征派先驱波德莱的《死尸》，尽管他还对年轻人讲过未来派，他的诗思、诗艺几乎没有越出过十九世纪英国浪漫派雷池一步。”[②]

徐志摩生活的时代，正是中国社会从封闭走向开放的现代思想苏醒的时代，人的个性意识终于挣脱了封建思想桎梏而获得解放。这时，英国湖畔诗人对于自然风物的清远超脱，以及拜伦式的斗争激情的宣泄，自然地触动了青

① 茅盾：《徐志摩论》。
② 卞之琳：《徐志摩诗重读志感》。

年徐志摩的诗心，从而成为他的浪漫诗情的母体。

徐志摩吸收和承继了英国浪漫派的诗歌艺术，为自己树立了理想目标。作为浪漫主义诗人的徐志摩，他为自己确定的人生信仰而不竭地歌唱：“这不是完全放弃希冀，宇宙还得往下延……为维护这思想的尊严，诗人他不敢怠惰。”(《哈代》）胡适认为徐志摩的人生观是一种“单纯的信仰”：“这里面只有三个大字：一个是爱，一个是自由，一个是美。他梦想这三个理想的条件能够会合在一个人生里，这是他的单纯的信仰。他的一生的历史，只是他追求这个单纯信仰的实现的历史。”[①]在很大程度上，徐志摩诗中的恋爱，指的是这种对于单纯的信仰即理想的人生的追求。

我有一个恋爱；
我爱天上的明星；
我爱它们的晶莹；

① 胡适：《追忆志摩》，载《新月》四卷一期《志摩纪念号》。

人间没有这异样的神明。

——《我有一个恋爱》

矛盾而复杂的徐志摩，他的执着的爱情的追求是远离了人间的天上。他的理想是单纯的、非现实的。但单纯到了到处受到人世烦扰的碰撞以至于毁灭，他于是失望。胡适说："这个现实世界太复杂了，他的单纯的信仰禁不起这个现实世界的摧毁……"[①] 这就是他的许多诗篇夸饰自己痛苦的原因。徐志摩完全继承了西方文艺复兴以后的文学观念。他确认此岸世界，讴歌自然界神秘的美。他全盘接受了个性解放的思想，他美化自己憧憬的爱情。徐志摩以欢乐意识为轴心奠定了自己的浪漫主义诗歌基础。

许多论者不约而同地发现了他的诗中活动着的乐观的因子："他的诗，永远是愉快的空气，不曾有一些伤感或颓废的调子，他的眼泪也闪耀着欢喜的圆光。这自我解放与空灵的飘忽，安放在他柔丽清爽的诗句中，给人总是那

① 胡适：《追忆志摩》，载《新月》四卷一期《志摩纪念号》。

舒快的感悟。好像一只聪明玲珑的鸟，是欢喜，是怨，她唱的皆是美妙的歌。”[①]“他是跳着溅着不舍昼夜的一道生命水……他让你觉着世上一切都是活泼的、鲜明的。陈西滢氏评他的诗，所谓不是平常的欧化，按说就是这个。又说他的诗的音调多近羯鼓铙钹，很少提琴洞箫等抑扬缠绵的风趣，那正是他老在跳着溅着的缘故。”[②]

徐志摩诗中这种生命的欢乐，来自他对生活的理想，尽管他这个理想只是一个朦胧的意念。他总是不知道风在往哪个方向吹，他也总是骑着一匹拐腿的瞎马向着黑夜里加鞭，而他的心灵总幻想有一颗明星。徐志摩诗的“柔美流丽”（陈梦家语）是有名的，他即使在讲痛苦和死，也充满了浪漫色彩，总是闪耀着让人欣喜的光辉。但是他的颓唐也是有名的，这是由于他把人生的理想建立在欢乐意识之上，一旦理想的明星熄灭（这是肯定的），伴随而来的就是一种无可言状的悲哀和绝望。这就是茅盾说的“一旦人生的转变出乎他意料之外，而且超过了他期待的耐心，

① 陈梦家：《新月诗选·序言》。
② 朱自清：《新中国文学大系·诗集·导言》。

于是他的曾经有过的单纯信仰发生动摇，于是他流入于怀疑的颓废了。”[1]

尾声：云游

他的一生像划过天边的美丽的流星。那一首短短的《黄鹂》似乎是他短短一生的写照——

一掠颜色飞上了树。
“看，一只黄鹂！”有人说。
翘着尾尖，它不作声，
艳异照亮了浓密——
象是春光，火焰，象是热情。
等候它唱，我们静着望，
怕惊了它。但它一展翅，
冲破浓密，化一朵彩云；

---

① 茅盾：《徐志摩论》。

它飞了，不见了，没了——
象是春光，火焰，象是热情。

令人惊怵的是冲破浓密的彩云的消失——“它飞了，不见了，没了”，如同他的生命。这是一位始终“想飞”的诗人。他生活在自己想象的世界里，望见“当前有无穷的无穷”，喊着“去罢，人间，去罢”（《去罢》）。

他的所爱是在天上。他总是以忘情的笔墨写他所向往的飞翔：那美丽的翅膀在半空中沙沙地摇响，朵朵的春云，跳过来拥着他们的肩背，望着最光明的来处翩翩的，冉冉的，轻烟似的化出了你的视线，像云雀似的只留下一泻光明的骤雨。但他几乎不放过任何一个可能的机会，留下预言式的“诗谶”，总是如此这般让人们预感着他不幸的、匆忙的，然而又是美丽的死亡。请看这篇《想飞》的结束，读起来真有点让人心颤——

天上那一点子黑的已经迫近在我的头顶，形成一架鸟形的机器，忽的机沿一侧，一球光直往下注，砌的一声炸响，——炸碎了我在飞行中的幻想，青天里平添了几堆破碎的浮云。

这篇文章写得早，是1926年。到了他的生命的最后一年，1931年的《诗刊》创刊号上，他发表《爱的灵感》，那里的诗句更让人惊怵。那仿佛竟是这位诗人对世间的诀别之辞：

现在我
真正可以死了，我要你
这样抱着我直到我去，
直到我的眼再不睁开，
直到我飞，飞，飞去太空，
散成沙，散成光，散成风，
呵苦痛，但苦痛是短的，
是暂时的；快乐是长的，
爱是不死的：
我，我要睡……

他的最后一个集子以《云游》命名。《云游》是一首诗的名字："那天你翩翩的在空际云游，自在，轻盈，你本不想停留，在天的那方或地的那角，你的愉快是无拦阻的逍遥。"他云游永远不归。留给我们的只是一种永恒的失望。我们所能做的，只能是——

无尽的盼望，盼望你飞回！

短暂的久远

谢　冕

这位诗人的才情是公认的。他的一生短暂，他的艺术生命却长久，而且看来岁月愈往后推移，人们对他的兴趣也愈浓厚。

他为新诗“创格”功效卓著。他把闻一多关于格律诗的理论主张以诸多广泛的艺术实践具体化了。他创造了规整一路的诗风，并且纠正了自由体诗因过于散漫而流于平淡肤浅的弊端。他开创了中国新诗格律化的新格局。他和新月诗人的工作推进了中国新诗的发展。

他的诗名显赫，掩盖了他在其他文体方面的才能。一位真实的人，一位纯情的人，加上一位才识和文学修养超群的人，使他完全有可能成为别具一格的大师而留名于世。可惜他因贪恋天外的云游而未能在人间进行更为辉煌的创造。他终究只是一朵冲破浓密的彩云，“象是春光，火焰，象是热情”。

作为散文家的徐志摩，他的成就并不下于作为诗人的徐志摩。在五四名家蜂起的局面中，徐志摩之所以能够在周作人、冰心、林语堂、丰子恺、朱自清、梁实秋这些散文大家从中而卓然自立，若是没有属于他的独到的品质是难以想象的。他以浓郁而奇艳的风格出现在当日的散文界，使人们能够从周作人的冲淡、冰心的灵俊、朱自清的清丽、丰子恺的趣味之间辨识出他的特殊风采。

《浓得化不开》是徐志摩的散文名篇。这篇名恰可用来概括他的散文风格。要是说周作人的好处是他的自然，朱自清的好处是他的严谨，则徐志摩散文的好处便是他的“啰唆”。一件平常的事，一个并不特别的经历，他可以铺排繁采到极致。他有一种能力，可以把别人习以为常的场景写得奇艳诡异，在他人可能无话可说的地方，他却可以说得天花乱坠，让你目不暇接，并不觉其冗繁而取得曲径通幽奇岳览胜之效。

把复杂说成简单固不易，把简单说成复杂而又显示出惊人的缜密和宏大的，却极少有人臻此佳境。唯有超常的大家才能把人们习以为常的感受表现得铺张、繁彩、华艳、奇特。徐志摩便是在这里站在了五四散文大家的位置上。他的成功给予后人的启示是深远的。

人们在文学创造这个领域中，都是有意或无意的竞争者。参与这个才智与毅力的角逐的，固然需要一定和相当数量的创作实绩，但数量大体上只能是勤奋的证明。而历史的选择似乎更为重视创造性的加入。一个作家能够在某一个侧面或层次（例如境界、风格、技巧或语言等）以有异于人的面目出现、并以个别的异质而丰富了全体的，便有可能获得冷酷历史的一丝微笑。文学史是一个无情的领域，这里的杀戮也如商业社会，不过它仅仅只是智力和精神上的决死而已。

文学史不可能把所有的事实都纳入它的怀抱。因为要保存，于是文要淘汰。淘汰是分层次进行的，开始可能是自思想到艺术的平庸；后来可能是上述两个方面的无创造；最后一个层次便可能是独创性——思想上的精深博大和艺术上的别树一帜的贫乏。这是一个“尸横遍野”的战场，成为英雄的只是万千死者中的若干幸存者。尽管文学历史残酷无情，但仍有无尽的勇者奔涌前来——文学毕竟不同于社会其他部门——这里的竞争和搏击与个人的精神需求，以及创造的愉悦攸关，这里的战败者并不会真的死去，他们终究只是一个快乐的输家。

笑解烦恼结：张幼仪与徐志摩的前生后世

——张幼仪侄孙女张邦梅访问记

罗烈弘

从1996年的《小脚和西服》到2017年的《明报》访谈，张邦梅对徐志摩的态度变化怎么如此之大？

1996年在美国出版的传记小说《小脚和西服》，借助于“张幼仪口述”的名义，以及世纪诗人徐志摩在海内外的广泛影响力，竟奇迹般地变成了一册畅销书，在之后的20多年被持续改编成多种语言在多个国家或地区发表，一版再版，印刷量很是巨大；又被多次改编成影视剧、话剧、歌剧等。此书作者张邦梅硕士，年纪轻轻便通过该书博得了“美籍著名华人作家”的美名，受到广泛关注。那么，此书内容到底是否真实？有多少的可信度呢？众人皆以为未亡人“张幼仪口述”之历史，必然是真实可信的，而我却深以为不然！

由于作者一方面是当事人亲属的身份，又以“口述”的名义，兼又可得天独厚的曝光一些不为人知的日常生活之琐事细节，及经过处理、筛选后的书信、照片等所谓“猛料”，来最大限度地吸引读者的“猎奇”心理；另一方面，却显然作者当时是有着明确的价值取向的，在写书伊始便已经有着鲜明的立场了，锋芒所至，可怜已经离世 65 年的徐诗人，自然是百口莫辩，地下难安了。

鉴于此，我对这位张邦梅硕士，是一直不太满意的。《小脚和西服》，我买过好几种版本，台湾那边的朋友更送我几种台版。此书我算是收藏了，但却屡次都不能够读下去。盖因里面内容不符合逻辑的地方实不在少，实难无视之，何况我也算是深知志摩先生脾性品格的人。

当初对志摩先生指责、诟病甚或恶毒辱骂之辈所依傍的，往往出于该书所记，而且常常断章取义，狭隘处之！我每每需要耗费大量时间，查阅大量之资料与此类不明就里的朋友们辩驳和争论，常常精疲力竭、彻夜长辩、天亮才能说晚安！感觉我的身体，就是在那连续数年的熬夜中给拖垮了许多，从年轻时的朝气蓬勃，不经意间便已经是暮色微苍了。所以于此书，不由得我不生气；于张氏老幼两位，则难免感情无比之复杂，不知该如何表述才好！盖亦因爱志摩，必会爱屋及乌，与志摩相关联者，实在是无法不爱护、不珍视之啊！何况张嘉森（君劢）、张嘉璈（公权）及张嘉铸（禹九）等诸位，不但与志摩交谊厚深，都是我同样敬重之一时贤达啊。

直到我看到了这篇采访报道，这篇由《明报》陈志明先生所做的采访报道！我终于可以有所释怀了。

我当初对张邦梅女士的一些希冀，也终于在这里得到了明确的验证。我不由得要为张邦梅女士点个赞了。

首先是20多年后的张邦梅，已然远非当初的学生视野和眼界所能相提并论了。如今的她显然已经更多地掌握和了解过了徐志摩的相关资料，包括他的大部分作品。她在采访中阐述她心目中的徐志摩是：

“世上有谁能对徐志摩不爱戴不尊敬呢？他的杰出，他的精神，他的诗歌！他的作品让我震撼。我认为徐志摩拥有东西方最优秀的特质，很羡慕他能如此融入西方世界，做的比我这个成长于西方的人要好。他似乎拥有一切：中国人推崇他，西方人也欣赏他。”

在之后的阐述中，她亦似乎有意无意地说明了一些事情。比如谈到张家兄妹等相互之间的家信的保存以及张幼仪的日记有否自行销毁等事情，她说：

“我手上没有额外的家信了。我在书中分享了所有我知道的信。张幼仪写给张嘉铸的信我从来没见过。我曾经问过她，但是她说她让我的祖父把它销毁了。我见过的家信都发表在台湾版的六册《徐志摩全集》中。全集中多数私人信件都由张幼仪提供。”

“我可以确认她确实销毁了那些日记。我曾经帮她彻底清理过文档，没有见到这些日记。她这么做是为了保护自己。她觉得自己不像林徽因那样会把文弄墨，所以不想把这些信公之于世。”

更为精彩的是有关《小脚和西服》中提到的儿子徐积锴写给母亲张幼仪的那封“母如得人，儿请父事”的书信出处，竟然出处颇是引人疑窦。原来因为根据美国媒体对徐积锴的采访记录，徐积锴生前曾明确表示，这封信不是他写的。而张邦梅女士面对这个问题的解释是：

“我见过的家信都发表在台湾版的六册《徐志摩全集》中。张幼仪促成了这套书的出版。全集中多数私人信件都由张幼仪提供。张幼仪重视个人隐私。她从来没有和我说过徐积锴没有写过这封信。”……

看来，20 多年后的张邦梅女士是诚实和诚恳的，这也符合张家一脉的一贯家风。张邦梅女士是张禹九（嘉铸）先生的孙女，而张禹九先生既是诗人，也是一位著名的戏剧家，更是志摩先生当年创办新月书店和云裳公司等的重要事业伙伴，两人志趣相投，交谊至深，完全超越了一般之亲戚关系。张禹九先生生前知道张邦梅在写《小脚和西服》这本书，曾经要求她“不要乱写”，要她对“姑爷爷厚道点”，可惜他并未能亲眼见过这册书。他临死前，曾要求家人不要哭泣，要他们在他床前一遍又一遍地吟诵志摩的诗，他在志摩的诗所赋予他的天籁般祥和宁静的氛围中安然离世。

日前，我有幸结识到一位自称是与志摩先生有“三同”（同姓、同校和同乡）的美籍华人徐德清博士，他言与张邦梅女士的父亲张寇南先生曾是耶鲁大学同事，对张寇南先生的人品和张家在美国华人中的影响力也是一顿猛夸，并告诉我张寇南先生的英文名为：Richard Kounai Chang。

徐德清博士同时邀请了他的好友、著名美籍作家“冰凌”先生同访徐志摩纪念馆，他俩一再推崇徐志摩先生诗歌在全球范围的广泛影响力，希望我们馆能够更大力度推动全球范围内对徐志摩先生文化的研究和发展工作。我不禁深自惶恐，不安至极，试问我何德何能啊？当然，除了八宝箱的许多极其珍贵的资料仍然不见公之于众外，张家及张氏处的未公布资料当也不在少数。另外，目前仍然有大量的当年徐师同各方交游的往来资料有待发现和整理研究。要是能够有个组织或平台，能把这些尚未浮出水面的资料给充分挖掘、研究和保存起来，该是一件多么有价值的事情啊！额，只盼此生能够略尽绵薄吧，愿徐师灵魂护佑，长天无极，远海无波，得渡彼岸。噫，人生此途，得遇明师，纵以死相酬而亦无悔无憾也！

2018年2月9日晚，于杭州国都阁

徐志摩关于《康桥再会罢》的更正函

陈建军

1927年9月17日，闻一多《你莫怨我》发表在《时事新报·文艺周刊》第2期。因当日版面广告拥挤，手民遂自作主张，将原诗每节五行并做三行，结果弄得不成体统。一周后，即9月24日，为使读者得见原璧，《文艺周刊》第3期又将《你莫怨我》补登了一次。编者在诗前按语中对闻一多表示歉意的同时，“希望以后不再有这种不幸的事发生”。

类似“这种不幸的事”，也曾发生在徐志摩身上。

1923年3月12日，《时事新报·学灯》第5卷第3册第9号刊发徐志摩《康桥再会罢》，把一首三节一百一十余行的长诗排成了一篇仅有三个自然段的散文。为此，徐志摩给《学灯》编者写了一封信。3 月 25 日，《学灯》第 5 卷第 3 册第 12 号按诗的排列又刊载了一次。在《康桥再会罢》前，有一段“记者按”：

> 我们对于惠稿诸君，常常觉得有一件很抱歉的事；就是我们的排印虽尽了许多心力力图改善，但是还一样发生许多错误。我们今天尤觉对《康桥再会罢》（曾登本月十二日本刊）的作者徐志摩先生抱歉！《康桥再会罢》原是一首诗，却被排成为连贯的散文，有人说，这正像一幅抟皱了的墨迹未干的画，真是比得很恰切。原来徐先生作这首诗的本意，是在创造新的体裁，以十一字作一行（亦有例外），意在仿英文的 Blank Verse 不用韵而有一贯的音节与多少一致的尺度，以在中国的诗国中创出一种新的体裁。不意被我们的疏忽把他的特点掩掉了。这是不特我们应对徐先生抱歉，而且要向一般读者抱歉的。所以我们今天只好拿这首诗照着诗的排列重登一过。

其中，“作这首诗的本意，是在创造新的体裁，以十一字作一行（亦有例外），意在仿英文的 Blank Verse 不用韵而有一贯的音节与多少一致的尺度，以在中国的诗国中创出一种新的体裁”云云，大概是徐志摩信中所谈到的。徐志摩仿效西洋的无韵诗（Blank Verse），在形式的建构方面（如音节、字数、跨行等）进行探索，力图在中国诗坛创造一种新型的现代诗体。把《康桥再会罢》排成连贯的散文，可谓没有理解徐志摩的一番苦心或“本意”。

“不幸”接踵而至，重登的《康桥再会罢》虽然恢复了诗的形式，但是错排、讹字、漏字现象仍十分严重。因此，徐志摩又于 3 月 28 日专门给《学灯》主编柯一岑写了一封更正函。这封更正函发表在 4 月 5 日《学灯》第 5 卷第 4 册第 5 号“通讯”栏，全文照录如下：

一岑兄：

顷读二十五日《学灯》，承将《康桥再会罢》重行排印并志歉语，至感至感。但不幸此次又见大错，有令不得不专函更正者。

上次用散体排诗虽失本旨尚可读，此次则第二节与第三错置至九行之多，直令读者索解无从矣。此外讹字亦夥。今指正：

第二节第十四行“我精魂腾跃，满想化入音波”下应接——第三节第九行“震天彻地，弥盖我爱的康桥……”至第三节第十七行“腊梅前，再细辨此日相与况味；”共九行。

第三节中抽出此第九至第十七九行后，则第八行——“灵苗随春草怒生，沐日同光辉”接第十八行即“听自然音乐，哺啜古今不朽……”。

正讹

第一节

第二行“心须”应作“心头”

第十一行“牠弱手”应作“她弱手”

第二节

第十一行“赞烦”应作“赞颂”

第十六行（二十五）（原排）“花香时简”应作“时节”

第二十行“憎媚”应作“增媚”

第二十二行“昨宵”下无“,”

第三节

第八行“日月光辉”上落一“沐”字

第十四行“行道西回”应作“纡道”

第二十七行“星磷”下无“,”

第三十一行至三十四行括弧可去，三十四行应撤去

第四十行“橘缘”应作“橘绿”

第四十三行“发玫瑰”应作“教玫瑰”

第四十四行“星境舞”应作“环舞”

第四十九行无“一”字

志摩 三月二十八日

按:原刊第二行“承将”后有“,”,“志歉语”后无标点;第五行“亦夥”后无标点;第二十一行“西回(迴)”误作“西迴”;第二十二行“星磷(燐)”误作“星憐”;末尾所署写作时间误作“三月三十八日”。

对“这种不幸的事”，徐志摩一直耿耿于怀。后来，他多次在不同场合提起过。

1923年7月18日，徐志摩给孙伏园（伏庐）写了《一封公开信》，发表在同年7月22日《晨报副镌》第188号。信的开头，徐志摩就说："我年初路过上海时，柯一岑君问我要稿子，我说新作没有，在国外时的烂笔头倒不少，我就打开一包稿子，请他选择……后来他还是一起拿了去，陆续在《学灯》上发表。除了《康桥再会罢》那首长诗，颠前倒后的错得实在太凶，曾经有信去更正过……上次《学灯》登我那首康桥，错讹至于不可读，最可笑把母亲的代名词，印做'牠'！"

1926年1月2日，"不幸的事"再次发生在徐志摩身上。同日，《现代评论》第3卷第56期发表徐志摩的《翡冷翠的一夜》，其中多有排印颠倒、讹字、漏字、错标点等问题，有失原作的真意。在《现代评论》"记者"于1月9日第3卷第57期发表《更正》之前，1月6日，徐志摩已把这首诗复登在他所主编的《晨报副刊》第1419号上，同时发表了一篇《〈现代评论〉与校对》（1月4日作）。文章起首，徐志摩即提到《学灯》刊印其《康桥再会罢》的事：

前年《时事新报》的《学灯》替我印过一首长诗《康桥再会罢》。新体诗第一个记认是分行写。所以我那一首也是分行写。但不知怎的第一次印出时新诗的记认给取消了；变成了不分行的不整不散的一种东西。我写了信去。《学灯》主任先生客气得很，不但立即声明道歉，并且又把它复印了一遍。这回是分行的了。可是又错了。原稿的篇幅全给倒乱了；尾巴甩上了脖子，鼻子长到下巴底下去了！直到第三次才勉强给声明清楚了。

所谓“直到第三次才勉强给声明清楚了”，指的就是致柯一岑的更正函。这封更正函未收入已版各种徐志摩作品集，包括 2019 年 10 月由商务印书馆印行的十卷本《徐志摩全集》。生活·读书·新知三联书店 1959 年 12 月版《五四时期期刊介绍》第三集所收《“学灯”（上海“时事新报”副刊）分类目录》中，也漏收了这封更正函。

（原载《中华读书报》2020 年 7 月 1 日第 14 版）

值得信赖和珍藏的一部全集

陈建军

收到商务印书馆赠送的《徐志摩全集》（以下简称北京商务版），我真是爱不释手，用了两周多的时间，从头至尾翻阅了一遍。与此前出版的各种《徐志摩全集》相比，这部全集至少具有以下四大特点。

体例合理

已版中国现代作家全集，一般有两种编法，一是采用编年体，即将某一作家的全部作品按时间先后顺序编次，如《鲁迅著译编年全集》《庐隐全集》等；一是采用分类编年体，即将某一作家的全部作品按文体或体裁分类，各类或直接以时间先后顺序编排，或再以时间顺序分为若干辑（组），如《鲁迅全集》《茅盾全集》《闻一多全集》《沈从文全集》等。在处理作家生前出版的成集本和集外散篇时，分类编年体全集大都采取的方法是：成集本在前，同类集外散篇附后。

北京商务版依旧沿袭了韩石山先生2005年为天津人民出版社编纂八卷本《徐志摩全集》时首创的做法：拆散成集本，将徐志摩的所有单篇作品归为散文、诗歌、小说、戏剧、书信、日记和翻译等七类，各类均按写作或发表时间先后顺序排列；写作或发表时间不详者，列于同类之末；某篇作品收入何种成集本，则在题注中加以说明。采取这种编辑体例，对于徐志摩而言，是相当合适的。徐志摩生前未结集出版的作品（特别是散文）有很多，如按成集本在前、集外散篇附后的方法，在分卷上会带来一定的麻烦，造成厚薄不均，不太好看。北京商务版共十卷，各卷厚度大体上是一致的。同时，采取这种体例，可以清晰地呈现徐志摩某一类作品的整体创作面貌及其思想、风格演变的轨迹，为研究者提供了极大便利。

收录最全

在2015年以前，坊间印行的徐志摩全集多达十几种。但大多名不副实，真正称得上是全集的，除天津版外，另有四种：

一是台湾传记版。1969年1月，台湾传记文学出版社出版六辑本《徐志摩全集》，由张幼仪赞助，徐积锴负责搜集资料，蒋复璁、梁实秋主编。2013年3月，中央编译出版社出版的六卷本《徐志摩全集》，是以台湾传记版为底本重新排印的。

二是香港商务版。1983年10月，商务印书馆香港分馆出版五卷本《徐志摩全集》。1992年7月，又出版四卷本《徐志摩全集·补编》，由陆耀东、吴宏聪、胡从经主编，赵家璧、陈从周、徐承烈审校。1988年1月和1994年2月，上海书店先后重印香港商务版全集本和补编本。1995年8月，上海书店将两种本子合在一起，推出九卷本《徐志摩全集》。

三是广西版。1991 年 7 月，广西民族出版社出版五卷本《徐志摩全集》，由赵遐秋、曾庆瑞、潘百生合编。

四是浙江版。2015 年 2 月，浙江人民出版社出版六卷本《徐志摩全集》。其中，散文卷、诗歌卷、评论卷、书信卷、日记卷由顾永棣编，小说戏剧卷由顾永棣、顾倩合编。

相较于此前出版的五种《徐志摩全集》，北京商务版收录徐志摩作品是最全的。编者充分吸收学界的研究成果（包括我和徐志东合编的《远山——徐志摩佚作集》），在天津版的基础上，增补了徐志摩佚文、佚诗、佚简等 100 多篇，为徐志摩研究提供了更加完备的文献资料，也进一步拓展了徐志摩研究的学术空间。

编校审慎

商务印书馆编辑在"推荐语"中说这部全集是韩石山先生"苦心收集整理、严谨考证、精心编订的高水平成果"，我认为并非夸大其词，而是符合事实的。韩石山先生把整理、编纂《徐志摩全集》视为其"一生的名山事业"，这种态度就足以令人肃然起敬。在《凡例》中，他虽声称这部全集“不是校注本”，对所采用的文本，尽量保持原貌，但在考证、校勘、注释上还是下了大功夫。如，全集中，采用了由俞国林整理、段怀清辑校的徐志摩致万维超、舒新城和中华书局编辑信函数十封（见《徐志摩致中华书局函》，《史料与阐释》，复旦大学出版社 2014 年 6 月版），对其中未具写作日期者，做了进一步的考证。这部全集订正了徐志摩著作中明显的缺漏、错讹，但仍持谨慎态度，没有径改原文，而是保留了更动的痕迹。对某些可疑的文字用脚注加以说明，没有轻易改动。某些外文人名、地名、书名、篇名等，择要随文出注，对于一般读者和研究者，均有释疑解难的作用。在题注中，具体交代了所依据的排印底本。尤其值得称道的是，对采自他人编辑的文集，均一一做了说明。这是对他人“首发权”的肯定和尊重，也是良好学术规范的体现。

在编校过程中，韩石山先生和商务印书馆动用了大量资源，邀请人民文学出版社岳洪治先生通校全部书稿，四川师范大学龚明德先生校订书信，复旦大学谈峥先生为外文部分把关，最大限度地保证了文本的准确性。

我始终认为，对全集编辑质量的鉴定，应该建立一套科学、规范且行之有效的评价体系。文本准确与否，无疑是评价全集编辑质量优劣的一个很重要的指标。应该说，北京商务版绝大多数文本是准确无误、可靠可信的，完全可以放心阅读和使用。

全集难全

北京商务版无论是在封面、版式设计方面，还是在装订形式、使用材料等方面，均花了大量的心思。从某种意义上讲，这部全集“很徐志摩”（我的一位博士生语），与爱“美”的徐志摩是相匹配的。

当然，北京商务版也不敢说是尽善尽美的。因受客观条件的限制，这部全集仍存在失收、失考、失校的现象。

全集不全、全集难全，似乎是所有中国现代作家全集的宿命。但是，既然名为“全集”，自当力求完备，将作家生前作品尽可能悉数编入。说北京商务版收录最全，毕竟是相对而言的。这部全集仍漏收了部分作品，如《新月》月刊 1928 年 9 月第一卷第七号、同年 10 月第一卷第八号的《编辑余话》(见陈子善《〈新月〉中的徐志摩佚文》,《新文学史料》2019 年第三期；子善先生提到的《现代短篇小说选》并非佚文，已收入全集，题为《〈现代短篇小说选〉评介》)，中国社会科学院近代史研究所胡适档案馆所藏徐志摩致胡适的三封英文信（作于 1925 年 5 月 3 日、19 日、22 日）和几则电报稿。据我所知，徐志摩后人处藏有徐志摩致张幼仪书信数十封，也未收入包括北京商务版在内的各种全集。

编纂作家全集，应重新出发，以作家生前已刊未刊作品为主要依据，其身后出版的各种集子和由他人发现、整理的佚作，只可作为参考之用。北京商务版所依据的排印底本，有一些不是原始材料（初刊本、手稿本)，而是“采自他人编辑的文集”。他人编辑的文集终归是二手材料，其本身或欠准确。如 1922 年，徐志摩在宋云彬主编的《新浙江·新朋友》上发表了一篇散文《印度洋上的秋思》、一首诗《笑解烦恼结（送幼仪）》和一则《徐志摩张幼仪离婚通告》。北京商务版第一卷“散文（一）”，第240页题注中称，《印度洋上的秋思》“1922年11月6日起，在《新浙江报》连载三期（未完）”。这篇散文何时开始连载，尚不清楚，但可以肯定已于11月21日全部载完，共连载了七期或八期。其中，11月10日、11日均为“三续”，因为10日“一共排差了三十八个字，没法更正，只得再重排一遍”（《新朋友》栏编者按语）。《徐志摩张幼仪离婚通告》载1922年11月8日《新浙江·新朋友》“离婚号（2）”，题下有“续六日”字样。6日的报纸目前还没有找到，8日《新朋友》栏刊有关于前半篇的“更正”。北京商务版是以上海书店1995年8月版《徐志摩全集》第八册为底本的，而上海书店版至少有18处误植。《笑解烦恼结（送幼仪）》载1922年11月8日《新浙江·新朋友》，北京商务版与其他版本一样，也存在六七处相同的错误。又如，北京商务版第八卷“书信（二）”，内收1931年×月×日信（第65—66页），实为1928年6月13日信之后半截（第33—34页）；而1928年6月13日信之后半截，阑入的则是1924年6月初的一封信（第13页）。其他版本的徐志摩全集或书信集都是如此。

北京商务版尽管存在部分失收、失考、失校现象，但瑕不掩瑜。总体来看，仍不失为一部最值得信赖和珍藏的《徐志摩全集》。

（原载《光明日报》2020年5月9日9版）

和服，西装，印度帽

子　张

一

衣装是一个人心性的延伸，自然也是一个诗人或文人心性的延伸。

现代文人里头，先不说女性，若就男性文人看，徐志摩怕是最有些服装模特嫌疑的。至少，从照片、传记里显示的身高、形象、着装打量，徐志摩似乎完全具备当模特的条件。他的朋友里头，有的形象、气质好，可惜身高不太够，有的身高够了，其他方面又各有欠缺。自然，也有跟徐志摩那样差不多样样都好的，不过这里先说徐志摩，其他人就先不论。

徐志摩又是特别爱照相的，当然这首先应该是有条件，不管怎么说，徐留下的大量照片给后人备足了证据，证明徐志摩爱穿衣服爱打扮，时髦，时尚，潮，短短的一生，却是光鲜亮丽的一生。

学童时期的照片不多，不过一张穿着日本和服的全身照还是令人有些惊讶。看照片中的志摩，应该有十一二岁的样子，还没戴上眼镜，形象正可以跟郁达夫笔下杭州府中的少年徐志摩相对照，大脑门，细身量，左手叉腰，自信满满的表情，气度可真有点不凡，也可以说是模特味儿十足。从布景看，相片可能是照相馆照的，只不知少年志摩身上的和服是哪儿的？是在家里穿的还是专门为了照相准备的？为何要穿日本衣服照相？如果是照相馆里备的，那为何要选这么一件？据说拍照地点是在志摩家乡海宁硖石，这又给人不少想象的空间——当时着和服的中国人当然也有，譬如秋瑾、周氏兄弟，但都与他们留学日本的经历有关，徐志摩虽说 1924 年陪同泰戈尔去过日本，可这张照片是少年时期的留影，彼时的江南小城会如此摩登吗？

现存徐志摩照片中，着西装的留影真是不少，这显然跟他留学美国英国的经历相关，譬如他在美国哥伦比亚大学和剑桥大学的留影，都是西装，特别是哥伦比亚大学那张，徐志摩的发式也潮得很，简直跟现在流行的年轻人发式很相似，领结也别致，真不愧为追求时尚的富家子弟。

除了这些，从徐志摩嫡孙新出版的徐传《志在摩登》里还看到几张留美、留英期间的生活照，也都是不同样式的西装，有的还戴着西式的帽子。有两张分别在美国克拉克大学和哥伦比亚大学学习期间的照片，克拉克大学那张是徐志摩与另外三个中国留学生的合影，徐志摩正面坐在草地上，其他三人站着，徐善曾为这张照片写的文字介绍也特别强调了他们的着装："他们四人均西装革履，面带微笑。可以看出，他们对在美国的留学生涯很是期待。私以为，当时他们虽然还很年轻，但已经意识到他们即将在中国历史上留下浓墨重彩的一笔。"这话并无夸张之处，读读徐志摩那时候写下的家书就知道了。在哥伦比亚留下的也是一张合影，不过是二人合影，志摩是侧影，他的同学手里则持一副网球拍，对此，徐善曾的解读也颇有意思，他认为从这张照片，可以看出中国留学生已步入"精英阶层”，生活“惬意无比”。

到英美留学的，本来就大多为出自殷实家庭的子弟，说是精英阶层一般也不会有争议，至于生活是否惬意，可能就因人而异了，这里涉及对惬意的理解和每个留学生处境的不同。但至少徐志摩的惬意是真实的，这从他在唾手可得博士学位而仍潇洒地放弃，转而横渡大西洋奔英国哲学家罗素而去便可以看得出来，毕竟，不是什么人或什么心境都可以如此任性的。

此种惬意更可以从徐志摩剑桥生活的留影中解读出来。

徐善曾的《志在摩登》附徐氏家族影集中有不少鲜见照片，其中有一张是年轻的徐志摩头戴方格鸭舌帽、一身西装而手里推着一辆自行车，一望而知就是摆拍，脸上的表情是兴奋，是得意，这种兴奋和得意会让人想起不少志摩描述剑桥生活的文字。人们最熟悉的当然是这么一段：“我在康桥的日子可真是享福，深怕这辈子再也得不到那样蜜甜的机会了。……我的眼是康桥叫我睁的，我的求知欲是康桥给我拨动的，我的自我的意识是康桥给我胚胎的。我在美国有整两年，在英国也算是整两年。在美国我忙的是上课，听讲，写考卷，龈橡皮糖，看电影，赌咒，在康桥我忙的是散步，划船，骑自转车，抽烟，闲谈，吃五点钟茶牛油烤饼，看闲书……”里头说的“自转车”就是今日之自行车。说到在剑桥骑自行车，徐志摩文章里不止一次写到，《我所知道的康桥》里就说过：“徒步是一个愉快，但骑自转车是一个更大的愉快，在康桥骑车是普遍的技术；妇人、稚子、老翁，一致享受这双轮的快乐。”在《雨后虹》里，他回忆一次看到天要下雨，反而穿上雨衣、袍子和帽子，出门骑上自行车，直奔出去……不用说，那正是徐志摩想要的生命体验。《我所知道的康桥》也写了他在康河学划船的种种，看得出，他对不同的船——普通的双桨划船、轻快的薄皮舟、长形撑篙船，都尝试过，虽说不一定成功。徐氏家族影集里还有一张据说是1928年徐志摩在纽约中央公园划船的照片，他的嫡孙为这张照片配的文字说：“照片中的徐志摩一身西装，划桨徐行，神情怡然自得，看得出，他其时在东西方世界穿梭自如。”

就连张幼仪都敏感地感觉到了徐志摩从衣服到心性的变化，直到晚年，她还对此耿耿于怀：“……后来他变了，彻底地变了，他不光换上了西式的衣服，连想法都变成了洋人的。”

二

徐志摩从服装到“想法”的西化，有一位翻译家将之归结为徐志摩与西方文化的契合，所以他认为“现代中国文人，在西洋活得如鱼得水，徐志摩恐怕是一枝独秀。”（赵毅衡：《徐志摩：最适应西方的中国文人》）自然，这种如鱼得水般的融入状态，除了来自徐志摩那种单纯、自信、勇往直前的天性，应该也与江浙一带很早就开始的欧化有关，徐志摩的小同乡木心就说过南方富贵之家几乎全盘西化过的话，在他归纳的三个原因中，其第三个是：成年人对域外物质文明的追求，便利了少年人对异国情调的向往。向往异国情调加上特别的个人心性，成就了徐志摩在英国那种如鱼得水般的生活，这跟纨绔子弟式的奢靡、数典忘祖或崇洋媚外当然不是一回事。

尤其是，当注意到徐志摩的另一面，在着装方面领异标新而又不弃“国粹”的一面时，此种印象更为深刻。尽管徐志摩对西方文明的热情态度遭到不少人的嘲讽，但显然徐志摩对自己国家固有文明的价值一直有着清醒的判断，否则他不会以同样的热情向英国那些一流人物展示中国的文化典籍，他出手大方地将私藏的中国绘画当见面礼送给曼殊斐尔，他拿着中国书画手卷跟王家学院的师生热烈交谈，他为瑞恰兹、欧格敦、吴稚各编写的《基础美学》题写“中庸”两个汉字以作点缀，还把家藏的珍贵清版藏书《唐诗别裁集》题赠给他极为尊崇的英国学者狄更生，应邀为翻译家魏雷介绍唐诗。

这些地方，就见出徐志摩在东西方文明之间那种游刃有余的自如了，他热情地迎合西化而又保有着东方的传统，自然，单纯，不极端，好像对什么都有一种自然而然和恰如其分的判断。时间过去近一个世纪，在经受了太多左右失度带来的曲曲折折之后，徐志摩那份感觉力的敏锐不能不让人发自内心地佩服。

现在能看到的志摩中装照，较早的是贴在当初赴美身份证明上的一张，穿的是中式长衫，到 1922 年回国后，多数情况下似乎转以中装为主了。最能说明此点的就是他接待、陪同泰戈尔来华时的照片，除了为鲁迅讥讽过的“印度帽”，无论在国内还是去日本，至少照片上看到的志摩都是中装。四五月份，正是季节交替时期，服装的过渡性也很明显，有时是长袍外罩马褂，有时就只是一袭浅色长衫。徐氏家族影集里有张陪泰戈尔访日期间的照片，志摩与泰戈尔秘书恩厚之以及一位日本学者坐在一起聊天，那两位都是西装，唯独志摩着浅灰色长衫，前几年看到徐志摩在日本期间的一段纪录片，穿的也是这样的长衫。从这里似乎看得出志摩着装既讲究又得体的风致，也许在他看来，接待泰戈尔以及去日本，还是穿中式服装最合适吧？礼貌周全而自然自信，真是落落大方，风流倜傥。说到这里，似乎还有一点不能不提一下，1928 年志摩为了暂时缓解一下与陆小曼婚后产生的苦闷，第二次漂洋过海访美访英，路上给小曼写信不时谈到着装之事，甚至将西装和中装做过一番比较。旅行中他直感叹“穿衣服最是一个问题”，后悔中装带少了。某天在船上换了白哔叽裤和法兰绒褂子，费时不说，衣领还小得不合适，于是发牢骚：“穿洋服是真不舒服，脖子、腰、脚全上了镣铐，行动都感到拘束，哪有我们的服装合理，西洋就是这件事情欠通……”结果到晚上还是换回了中装。

看得出，志摩这段议论着眼于“舒服”，是他“任个人”的个性表现，“欠通”的评价也基于此，都是不难理解的。至于在欢迎场合加戴一顶“印度帽”，那应该出于志摩对客人的一份尊重，似乎无须过度解读。鲁迅后来在《骂杀与捧杀》里描述泰戈尔“到中国来了，开坛讲演，人家给他摆出一张琴，烧上一炉香，左边林长民，右边徐志摩，个个头戴印度帽”，显然语含讥讽。尽管周作人于纪念志摩的文章里试图淡化这讥讽之意，说是“有人戏称志摩为诗哲，或者笑他的戴印度帽，实在这些戏弄里都仍含有好意的成分，有如老同窗要举发从前吃戒尺的轶事……”，恐怕多少有点欲盖弥彰的味道。

除了这头戴“印度帽”的照片，志摩也留下过一张在印度着印度装与泰戈尔的合影，那又该怎么解读呢？联系徐志摩对泰戈尔的尊崇和他那单纯的信仰，或许仍然可以往胡适所谓“爱、自由、美”上理解吧。

三

当初徐志摩嫌弃张幼仪的“土”，可是看他与张幼仪的合影，两个人从着装上倒都很洋气。特别是张幼仪初到英国时的打扮，无论是个人照还是与徐志摩合影中的西式女装，都称得上时尚高雅，丝毫看不出徐志摩所谓“土包子”的痕迹。当然，这可能是徐志摩刻意为张幼仪量身定做，意在拉近二人的距离或刻意给别人看，但似乎也能感觉到，至少在其他女性朋友——譬如林徽因——出现之前，徐未必已经产生了与张幼仪离婚的念头。不然就不好解释他如此刻意“包装”幼仪以及他与幼仪合影的热情。

换个角度看，志摩跟幼仪的西装合照，洋气是洋气，可总觉得“摆拍”的痕迹明显，不那么自然，特别是张幼仪乃是典型的中国女性，生活习惯、个人气质都跟西化不着边儿，所以看幼仪后来的中装照，就顺眼多了。幼仪虽然算不上美女，而一旦穿上旗袍，梳上发髻，东方女性的气质之美就立马显现出来了。我总是想，如果志摩能“忍”过青年期，等人到中年，欲与美的需求淡下来之后，会不会重新打量自己与张幼仪的婚姻呢？自然，也只是想想而已。

到了 1926 年第二次婚姻，徐志摩与陆小曼的一帧合影却又显示，小曼是中式旗袍加西式婚纱，志摩则是马褂长袍，这与他回国之后多着中装的习惯是一致的。有意思的是，陆小曼花容月貌之外，着装上倒是并不崇洋，看她的照片，也多为中装，只是款式新、时尚、得体，不守旧落伍罢了。当然，跟那个年代的风俗一样，他们也往往会取中西合璧式，譬如外面着中式的长袍长衫，而裤子、皮鞋甚至一些小点缀又是西式的，这也符合那个年代新式文人的着装风格，或者于不经意间流露出的一点东方本位甚至“中体西用”意识？

除了照片，不少友人也通过文字留下了对志摩着装的印象，同样说明这位追求时尚的诗人对衣装的看重。

徐志摩第一次从英国回国那年，一位在上海三友实业社新加坡分店任职的青年职员注意到了来店做客的徐志摩身上的西装，而就在同一年徐志摩刚回到国内时，梁实秋在清华看到的徐志摩则已换上了中装，他的描述极为细腻传神："我最初看见徐志摩是在一九二二年。那是在我从清华学校毕业的前一年。徐志摩刚从欧洲回来，才名籍甚。清华文学社是学生组织的团体，想请他讲演，我托梁思成去和他接洽，他立刻答应了。记得是一个秋天，水木清华的校园正好是个游玩的好去处，志摩飘然而至，白白的面孔，长长的脸，鼻子很大，而下巴特长，穿着一件绸夹袍，加上一件小背心，缀着几颗闪闪发光的纽扣，足蹬一双黑缎皂鞋，风神潇散，旁若无人。"（梁实秋《徐志摩与〈新月〉》）

同时期也成为志摩友人的文学研究会作家王统照，在志摩去世后还记得他们第一次见面的情景，其中也写到了志摩的样子："志摩从松荫下走来，一件青呢夹袍，一条细手杖，右肩上斜挂着一个小摄影盒子。"（王统照《悼志摩》）这句话信息量甚大，不但衣服是中式的，还有一条风雅的手杖，从那肩上斜挂的"摄影盒子"是不是还能看到不为人知的另一面：志摩还是中国最早的摄影爱好者之一！这从志摩自己的书信中也能找到证明，不过这个话题以后再说也不迟。

徐志摩在北京大学任教时的学生许君远也曾在文章里

描述过自己这位老师的风度，先是 1924 年 4 月徐志摩陪泰戈尔北京讲演时的样子："他那颀长的身材，白皙的面孔，上额稍突的头部，与那齿音很多的不纯粹的京音，已予我以深刻的印象。"到第二年冬北大红楼讲课时，他的印象则是："但'诗'是讲的不很出色，虽然选课的人也不少。不过他的谈吐很有趣味，说话也没拘束，尤其讲到某文学家的轶事琐闻，特别令人神往。他喜欢雪莱，关于雪莱说得十分详尽（此文开端还讲到徐志摩说雪莱天性极醇，肯以十镑金票，折叠成船，放在河里教小猫坐。——子张按）。他甚至于说到雪莱之作无神论，《小说月报》误作'亚典主义'，'被缺德带冒烟的成仿吾见到了'，（他喜欢说北京俏皮话的）于是乎大开笔战。时候是冬天，他穿的是紫羔青绸皮袍，架着浅黄玳瑁边眼睛，因为身材高，他总是喜欢坐着，坐在讲台桌的右面。对于装饰他很讲究，不过对于衣服他并不知道珍惜；鼻涕常常抹在缎鞋上，而粉笔面永是扑满于前襟。这种种很能代表出他那浪漫而又清雅的个性，很能表现出他那优美可敬爱的灵魂。"（许君远《怀志摩先生》，原载 1931 年 12 月 10 日《晨报·学园》，据舒玲娥编选《云游：朋友心中的徐志摩》，长江文艺出版社 2005 年 11 月，第 150 页）由这段绘声绘色的记载，可知志摩虽然富足、时尚，着装讲究，可也有无意中流露散漫、随性甚至邋遢的一面。

徐志摩不止自己着装讲究，对别人的着装好像也比较留意，他在英国拜访曼殊斐尔时，尽管只有短短的二十分钟，他还是仔细捕捉到曼殊斐尔包括着装在内的种种细节，他看到曼殊斐尔铄亮的漆皮鞋，闪色的绿丝袜，枣红丝绒的围裙，嫩黄薄绸的上衣，尖开的领口，以及挂在胸前的一串细珍珠和齐及肘弯的袖口，甚至还细致描绘了曼殊斐尔的黑发和发式，略带夸张地表示曼殊斐尔头发的美是他“生平所仅见。”徐志摩另一个学生何家槐回忆说，老师对他的关怀还包括改变生活习惯的劝说，比如穿衣服不要太随便，起码要成个样子等等……

四

从某些方面说，衣装的确是一个人心性的延伸，虽然不能由衣装窥察着装人的全部人格，毕竟也算一个有趣的角度。不过那只是在正常情况下，人往往总会遇到无力支配包括着装在内的个人行为的时候，那就只好另当别论了。

最普遍的情况当然就是没有为自己量身定做衣装的条件而将就着，当然也有刻意隐藏自我“乔装打扮”的情况，而最令人无奈的，可能是死后穿的寿衣——除非死之前做出过有保障的交代、安排，不然这寿衣十有八九不合死者的意。

一生追寻自由和美的徐志摩，不幸也摆脱不掉此种无奈和尴尬。

本来，徐志摩最后离开上海的家，就先与陆小曼有过一番争吵，想来走时也甚匆忙，以至于当晚在友人张歆海韩湘眉家停留时，因为屋里热而脱去长袍，就被女主人韩湘眉看到他临行前穿的一条又短又小的西装裤子，腰间竟然还有个窟窿……

裤子不合身，穿上外面的衣服也就看不到了，据那天在南京机场看见徐志摩的职员说，徐志摩乘机时穿的是长袍，外罩黑呢子大衣。

谁也想不到的是，飞机在济南南郊失事了，徐志摩连同两位司乘人员全部遇难。

在后来关于诗人死后的种种描述中，也有人提及志摩的遗容和遗物，不难想象飞机撞山起火后狭窄机舱内的惨烈情景，以至于“遗物仅剩丝棉长袍一块，长二尺宽一尺，四围有烧痕。衬衣剩两臂及脊部一条，袜一只。”(《诗人遗容未现苦楚——张奚若君谈话》，1931 年 11 月 25 日《北平晨报》)

沈从文在青岛大学闻讯后，当夜乘胶济铁路火车赶往济南，翌日在济南一个小庙里，他看到了已躺在棺木中的诗人：“棺木里静静地躺着的志摩，戴了一顶红顶绒球青缎子瓜皮帽，帽前还嵌了一小方丝料烧成‘帽正’，露出一个掩盖不尽的额角，右额角上一个李子大斜洞，这显然是他的致命伤。眼睛是微张的，他不愿意死！鼻子略略发肿，想来是火灼炙的。门牙脱尽，与额角上那个小洞，皆可说明是向前猛撞的结果。”(《三年前的十一月二十二日》《大公报》1934 年 11 月 21 日）多年后，沈从文又在《友情》中回忆当时场景，描述略有不同，比如写到棺木中的志摩："已换上济南市面所能得到的一套上等寿衣：戴了顶瓜皮小帽，穿了件浅蓝色绸袍，外加个黑纱马褂，脚下是一双粉底黑色云头如意寿字鞋。遗容见不出痛苦痕迹，如平常熟睡时情形，十分安详。……"同时也对志摩最后的着装说了几句感慨的话："志摩穿了这么一身与平时性情爱好全然不相称的衣服，独自静悄悄躺在小庙一角，让檐前点点滴滴愁人的雨声相伴，看到这种凄清寂寞景象，在场亲友忍不住人人热泪盈眶。"（1981年作，《新文学史料》1981年第4期。）

一死原知万事空，不必说穿什么寿衣自己已做不了主，身后的所有一切又能如何呢？从诗人死后近九十年期间世事的变迁、毁誉的反反复复看，志摩最后那身不合自己心意的"寿衣"真像一个绝妙的隐喻。

2020年2月15日，18日，杭州午山

（发表于上海《书城》，2020年第4期）

在徐志摩遇难的地方

子　张

一

诗人余光中2001年4月应山东大学邀请到该校讲学，并在主人陪同下游历齐鲁不少地方，回台后撰写一篇长篇游记《山东甘旅》追记经过，热情而详尽。比如他表达自己第一次访问齐鲁故地的心情："访问山东，对我来说，实在是一程文化甘旅。能站在黄河与泰山之间，对齐鲁的精英，广义上也是孔丘与孔明的后人，诉说我对于中文的孺慕与经营，真是莫大的荣幸。"而整篇文章洋洋洒洒，先后记录他游览泰山、济南泉城广场的见闻以及眺望黄河时的感受，不时流露豪情和机智，也的确可以看出他对齐鲁文化的慕孺和不陌生。作为一篇游记散文，此文虽然远不如诗人曾经写过的若干名篇宛转俏丽，然一来是步履匆忙，一来又是做客心情，似乎也就不好苛求诗人。

在诗人游览泰山那天，我还带领两位泰安师专的学生、一位青年教师赶到诗人用午餐的泰山饭店，跟余先生作了短暂交流。应一位同学的邀请，诗人在其笔记本上题写了“共仰泰山”几个端庄秀丽的钢笔字，落下了他的大名。其实就在前不久，余先生在台湾成功大学的同事、散文家张晓风也刚刚登过泰山，在陪同游览山麓普照寺时，我曾征得张晓风女士同意，给她和她母亲拍了几张照片。这回，我把照片拿给余光中先生看，跟他讲了张晓风来泰山的事。

但诗人来去匆匆，包括泰山之行在内的“山东甘旅”，也仅仅留下了这么一篇长文。

这里且说诗人游览济南北郊黄河景区、漫步黄河南岸，遥指对岸鹊山山阴，错将徐志摩殉难处开山（地名）“南山北调”一节。

在“黄河一掬”这一小标题下，余光中先生记录他与黄河的缱绻之情时，突然笔锋一转，对陪游的山大主人提起了徐志摩当年坠机身亡的旧事：

“徐志摩那年空难，”我又说，“飞机叫济南号，果然在济南附近出事，太巧合了。不过撞的不是泰山，是开山，在党家庄。你们知道在哪里吗？”

“我倒不清楚。”建辉说。

我指着远处的鹊山说：“就在鹊山的背后。”

可这“就在鹊山的背后”，虽然只是轻描淡写的一句话，却南辕北辙，完全搞错了方向。

因为大有名气的鹊山是在“河之北”，属济南北郊；徐志摩坠机失事的“开山”却在“河之南”，地处济南南郊，是一个迄今为止少为人知的小村。这是其一。

其二，所谓“开山”的说法也并不准确，因为“开山”是地名但不是徐志摩触机的山名。实际上，徐志摩所乘坐的“济南号”邮政飞机撞上的只是“开山”村附近一座被当地人称为“西大山”或“北大山”的小山。住在山东侧的百姓叫它“西大山”，住在山南面的百姓则呼之为“北大山”。这座“西大山”或“北大山”孤零零地卧在周围几个村庄中间，高不过百余米，东西拉开呈马鞍形状，104国道就在山的西侧。“开山”则是104国道东侧一个村庄的名字。忆及2002年暑期，我从济南乘车经过这里，终于决定下车往访。之所以说“终于”，乃是因为多少回乘车经过，均以中途不便而将寻访一事推至遥遥无期的“下一次”。且说这一回我下车后，在“开山”村向老乡们打听，结果所遇人人热情，他们似乎都知道很久以前飞机撞山这件事。据村民们说，还有一位当年目睹过这次“空难”的八十多岁老人可以作证。可惜那天老人恰好出门，我只见到了他的老伴。村民还告诉我，以前有不少人（包括媒体）来了解过情况，此老人则不但调动回忆，还亲自带来人越过“国道”，攀爬到山腰去寻找坠机的具体方位。数年前浙江电视台有一个关于“徐志摩”的专题片，印象中就有此山的镜头。

我离开村庄，也去寻路登山。在山坡上一个粮食管理站，另有几个中年人向我指点具体方位。只是大夏天里，烈日当头，酷暑逼人，稼禾满山，荆棘遍布，我奋力攀至将半，终以路险气喘而竟不果。

不过山坡树林里的石头形态玲珑可喜，堪称美石。我挑挑拣拣带上一块，权作此行的纪念。

可是为什么这个并不算遥远的旧事，却一直没有精确的记载呢？查众多徐志摩的“传记”，提到这件事，也人都要么沿袭旧说，要么望文生义，有的干脆借文学笔法虚晃一枪，然后顾左右而言他，终究还是不得要领。

想来，关于“开山”的说法很可能源自1931年11月20日《北平晨报》对这次“空难”的报道。该报道是这样说的：

> **（济南十九日专电）**十九日午后二时中国航空公司飞机由京飞平，飞行至济南城南卅里党家庄，因天雨雾大，误触开山山顶，当即坠落山下，本报记者前去调查，见机身全焚毁，仅余空架，乘客一人，司机二人，全被烧死……

随后上海等地的报纸皆沿用此说，陈从周先生的《徐志摩年谱》也依据这篇报道作了记载。不用说，友人的悼念文章仓促成文，一般也不会专程前去考察。沈从文虽连夜从青岛赶去，也就仅仅止于济南，那时徐志摩的遗体已暂厝于济南的一座小庙里，作为私交密切的友人，怎么会有抛开遗体专事考察飞机所触地面的心情呢。

然此说虽不准确，大致方向倒还没错，余光中先生的“就在鹊山背后”，却真正是南辕北辙、错得离奇了。

《山东甘旅》初刊于上海的《收获》杂志，继而全文收入 2004 年新出的《余光中集》第九卷。最近，又看到《名作欣赏》2004 年第 7 期也全文刊载了这篇游记散文，还有香港余光中研究专家黄维樑的赏析文字，可见此文虽然算不上余先生的杰作，但影响也还不小，又被收入不同杂志、文集。看来，把这点“小疵”指出来，似乎还有必要。

顺便再说一句，不少徐志摩传记著作在史料运用上也往往仅依据道听途说的资讯，甚至凭着想象乱写一通。比如徐志摩飞机失事处，就分别又有“党家庄”“白马山”等说法，其实也往往失之于模糊，大半是靠不住的。

二

公历2021年3月30日，我从杭州乘夜车回山东扫墓。翌日九时余抵达济南站，在站前某酒店办理入住手续后即乘公交车到南郊济南大学站下车。根据母亲电话告知，遂折入前龙窝村（社区）道，拟寻找外祖父母之墓。无奈原先乡村格局早已大变，母亲最后一次来“上坟”也已是20世纪90年代的事了，到处是新的社区或绿地，哪里寻找得到？

自幼时我就知道外祖母家是济南白马山，20世纪70年代，少年时代的我也曾随外祖母以及她妹妹、妹夫乘公交车，从馆驿街到白马山给老姥爷祝寿。可说是白马山，实际上不过泛泛而言，这一带较高的山是青龙山，青龙山西面也确有白马山这么一座山。但这回我特意骑自行车去看了，小得很，且被采石头的人们掘得面目全非，现在又被附近村人割据为自家的坟地，更不像样了。前龙窝村距白马山尚有三公里的路程。

找不到外祖父母的坟，就乘另一路公交车继续南行至开山，想再去诗人徐志摩当初遇难的西大山（也叫北大山）凭吊一番。我在 2002 年暑期，曾中途下车寻访过一次，现在又忽忽近二十年了。近几年杭州有位朋友以一己之力，开辟了一个民办徐志摩纪念馆，承他信任，我勉为其难为之编辑其馆刊《太阳花》，专门刊载有关徐志摩研究的史料文献。也从馆长朋友口中了解到他和各地的“摩友”常去济南，和那边的“摩友”一起到志摩先生飞机失事的山上做纪念活动，也从网上看到一些图片，看到有纪念性的石碑立在山坡上。

可是，如同外祖母老家那儿成了济南大学新校区一样，开山这边更是成为济南市长清区的高教园区，与我近二十年前那次来访大不同了。纵横交错的高架桥把开山村和西大山隔离开来，走了好远，我才绕行到有“徐志摩纪念园”的路标处。

这个纪念园是在西大山的西侧，我上次来因为西面一带尚未开发，是从山东侧唯一一条通向山坡上一座单位院落的路上去的。

眼前这座纪念园紧挨着山东工艺美术学院的新校区。

进入正门，可从正面直接登山，也可从东侧路上到徐志摩纪念园。自然，我选了东边的路。一段上坡的平路之后，在一处石刻“徐志摩纪念园”的岔路口沿石阶上行，很快就到了相当空阔整洁的类似墓园的地方，比图片上只有孤零零一块石碑的样子好多了。或许这是近年专门斥资修建的吧？墓园上下分隔为两层，第一层是巨大的斜面石刻，镌刻的是徐志摩名诗《再别康桥》。第二层则为平台，东北侧有徐志摩全身石雕坐像，西南侧有济南、海宁方面分别立的两块石碑。整体而言，纪念园比我想象中的要好，虽说不怎么大，而坐北向阳，视野开阔，前面山野历历在目，远处就是连绵不断的泰山余脉。只是，徐志摩的石雕坐像虽则也挺拔文秀，而面孔略有些不似江南人，倒更像个质朴淳厚的山东青年，到底少了些许风雅潇洒。

还有，斜面石刻的徐志摩诗，如果不是鼎鼎大名的《再别康桥》，而选那首少有人知却似乎更为切题的《泰山》，会不会更好些？

这首《泰山》，原刊于 1931 年 7 月的《新月》第 3 卷第 9 号，也就是徐志摩遇难前不久刚刚面世的一首诗。发

表四个月后，“济南号”就近乎神秘地在飞越泰山之后落难了——从泰山主峰飞到泰山背面余脉的开山，恐怕连十分钟也用不了吧？

短短十五行的《泰山》，所抒发的仍然是对泰山无以言表的尊崇，却又似乎预言着大自然某种无从琢磨的神话。其中“万千星斗错落”“隐奥蕴藏”的意象尤其令人思接千载、神游天外。诗如下：

山！
你的阔大的巉岩，
像是绝海的惊涛，
忽的飞来，
凌空
不动，
在沉默的承受
日月与云霞拥戴的光豪；
更有万千星斗
错落

在你的胸怀，

向诉说

隐奥，

蕴藏在

岩石的核心与崔嵬的天外！

当年，徐志摩在山东友人王剑三（统照）陪同下登临过泰山，更是写文章把泰戈尔来华喻为泰山日出，济南南郊大大小小的山头也确乎都属于泰山的余脉。以志摩与泰山结下的不解之缘，在其遇难处刻写《泰山》这首遗作，不正是再好也没有的事吗！

从纪念园再往上，走过一段石阶游步道，就和正面的登山路会合了。那儿也有一个平台，靠山体另有一块刻着当年徐志摩遇难报纸新闻的大石坪，这块石刻就非常契合，不俗。从这个地方继续往上，是新修的登山石阶，我走了一段，在接近石阶尽头处的围栏时停下了脚步。坐在一块平整的山石上瞭望四周，东面整座山，西南面整个高教园区，尽收眼底。

下山路上，从一侧的林子里又看到那些形态各异的石头，就忍不住再次捡了两块较小较玲珑的带回。近二十年前那次，也曾经捡过一块，已随我南下到杭州，如同其他一些山东友人带给我的莱芜燕子石、泰山花脸石，成了我杭州家里的“石敢当”。这回一次再捡两块,重是重了一些，可石头好看，有回味的余地，也就不觉其重，反有不虚此行之感了。

2021 年 9 月 30 日，志摩先生遇难九十周年前，

子张重订于杭州朝晖楼

方玮德致陈梦家一信（外一则）

龚明德

年仅 27 岁的新月派后起之秀青年诗人方玮德，1935 年 5 月 9 日因病去世后不久，以瞿冰森和陈梦家为主，迅速刊行了单行本《玮德纪念专刊》，虽只有 32 开本不足 70 页，但用小号字排印，收录的有关方玮德纪念性质的诗文却显得十分丰富，诗文的作者几乎涵盖了健在的所有新月派诗人、作家和文人，以及方玮德的家人、友人和恋人。这本由“北平晨报承印部”出版的《玮德纪念专刊》，卷首印有一封方玮德书信的手迹，题为《玮德遗墨》，释文如下。

梦家兄尊鉴：

弟一周内北上，同行人甚多，文德里人全来，住处可在六姑处打听。弟病未愈，每日吃药、打针，有痊愈之希望。弟所有疾病皆自厦门得来。厦门地下而湿，蚊皆有骨，水恶不可入口，北方人往者皆病而死。弟生还幸也，然亦半死矣。闻兄已允集美之聘，甚为兄危之。弟近阅明末史，对新诗不感兴趣者久矣。兄有信可速复。

弟玮敬启　十七

这一封方玮德的书信手迹写得很有韵味，虽使用硬笔，但在一张竖行笺纸上从右至左地竖写，没有难以辨认的潦草和连写，一笔一笔地参差落墨，错落有致、布置合理，看来方玮德好像受过行楷、魏碑等习字规范的类似于童子功的持续训练，几乎每个字都可找到书法特点。原以为没有写信时间，仔细观赏，才在“敬启”右下发现有相当秀气的“十七”两个中文数字，这就是写信的具体日子，缺年份和月份。反复阅读这 1300 多字的书信，查阅相关史料，写作年月和信中全部史实细节基本上都弄明白了。

如题目中的显示，“梦家”就是以“中国考古学家、古文字学家”附头像载录权威性质的大型工具书《辞海》的新月派后期颇有影响的青年诗人陈梦家。对中国新诗有兴趣的读者，新月派作家中的陈梦家、方玮德乃至这封书信中的“六姑”人名和“文德里”地名，都有可能熟悉到如数家珍的程度，因为这都属于普通的文学常识。

受信人陈梦家比写信人方玮德小三岁，书信行文中的五处“弟”和两处“兄”均为传统文人文字来往的礼节性习惯称谓，不可依照生活现实的尘俗交际来坐实理解。从陈梦家 1935 年 8 月立秋“于上海”为 1936 年 3 月上海时代图书公司出版的《玮德诗文集》所写《跋》中得知，方玮德“二十二年春离平南下，到厦门，病发不止”，又从大象出版社 2008 年 12 月印行的《常任侠书信集》中常任侠于 1934 年 11 月 27 日写给陈梦家的信中得知，此前“足下与玮德俱北去”即陈梦家与方玮德都离开南京到北平去了。这两处可信的史实，可证这封书信就写于 1934 年，是这一年的哪月“十七”日呢？其实信末也隐藏着较为确定的时间段线索提示，即“闻兄已允集美之聘”所述写信者听说的陈梦家已答允了到厦门不远处的集美村某所学校任教这事，时间只能是该年春学期末一两月和秋学期开学之前的公历七八月份即学校放暑假时。

查方玮德的“九姑”方令孺行踪，顺带得知原来1934年上半年在厦门教书的方玮德一放暑假就回到了南京，住进成贤街文德里他三祖母的家。这年七八月间方玮德去上海治病近一个月，略有好转后就返南京准备九月去北平与黎锦熙的女儿黎宪初订婚。这封书信，自然只能写于“北上”之前的1934年8月17日。从书信所写“第一周内北上，同行人甚多，文德里人全来，住处可在六姑处打听”来看，方家族人把方玮德与黎宪初“订婚”视为大事。著名语言学家的千金与桐城方苞后人联姻，局外人也会认为是大事。“文德里人全来”，再一次坐实了受信人陈梦家收信时已不在他这年春学期任教的安徽芜湖或由芜湖到南京小住，已寓北平了：你在北平，我们“文德里人全来”北平的“来”字才有着落。果然，这年的暑假后陈梦家就考入燕京大学，成了容庚的研究生。

方玮德告诉陈梦家，包括他自己在内的从南京到北平的一群“文德里人”即方家族人，“住处可在六姑处打听”。这个“六姑”和“九姑”方令孺一样著名，她就是方令孺的两个胞姐中的大姐，名字叫方孝姞，“六姑”的“六”是家族这一辈的大排行。或许这个“姞”字在当年铅字的字型中没有，那时发表的回忆方玮德的文章提及“六姑”的名字时都排成了“方孝佶”。直到我的《方玮德史实补订二则》在 2001 年 8 月 18 日上海《文汇读书周报》刊布后，方玮德的堂弟舒芜读后给该报去信订正，稍后舒芜又专门给我写了一封信，除再订正“六姑”姓名中“佶”应为“姞”，还提供了方玮德其他生平史实，如舒芜介绍他与方玮德是同一个祖父的孙辈堂兄弟等，就很重要。

书信中的内容，如末尾的“弟近阅明末史，对新诗不感兴趣者久矣”也同样重要，说明这位新月派著名青年诗人的兴趣在那时以前已经转向治史了。1933 年 10 月 27 日南京《中央日报》副刊《中央公园》发表了方玮德致该副刊编者储安平一封信，题曰《在厦门》，信中写道：“我只想在这海淀的寂寞的日子里多读点书，没有什么如你们在猜想的那样有诗情发之致，我现在根本不再写诗，从前花那些功夫现在想来全可惜！”同刊的储安平致方玮德信中有“你去厦门有两个月了”，即指1933年的8月下旬至10月下旬这“两个月”。“读点书”，参照方玮德1934年8月17日的信，就是“阅明末史”。方玮德书信中说的“厦门地下而湿，蚊皆有骨，水恶不可入口”，其中“地下而湿”表示地面因为低下而潮湿、“蚊皆有骨”是说厦门的蚊子咬人很厉害、“水恶不可入口”是说厦门的饮用水不好喝，——总之，方玮德认为，就是到厦门教书谋生，把他的身体搞垮了。

这封书信以手迹形式保存至今，是很珍贵的，已经出版的相关书籍比如相关的专题“纪事”和“事辑”之类的工具书，都没有提及该信中的一些硬性史实方面的内容。至少，陈梦家收到此信的那一个时段，多出一则具体的生平事迹记录，可以更丰富所谓“纪事”和“事辑”的内涵。

为姐夫徐志摩办护照

在2005五年11月由广东教育出版社印行的《徐志摩

图传》中见到一封徐志摩写于某年“五月二日”的书信手迹，该信除了内容重要，连所用笺纸也值得细究，但却未编入迟至 2020 年 5 月才印行的《徐志摩墨迹（增补本）》中，不免有点儿遗憾。像徐志摩这类经典作家，其文献性质的书信，只有见到了手迹，才敢完全相信，因为当年书信的初始形态本来就是手迹。

这封书信，抬头的“子坚”是徐志摩妻弟张嘉莹的字。补加了标点符号的此信，依原貌格式释文如下。

子坚我兄：护照已到，至感代劳。德波竟厚颜逼费，破例是何居心？穷斯为滥，料谅此也。承垫费，迟日即寄。佛城天气亦不见佳，晨夕阴霾兼多雨雾。春来如此，甚非始料。费吐奇遇此间竟不可得，益令萦念罗马。幼仪已安抵德京，有电来报，可弗记念。

此候

日安

志摩敬复　五月二日

这封100多字的简短书信，是徐志摩收到其妻张幼仪的弟弟张嘉莹“代劳”办理并寄来“护照”后的“敬复”。参照《徐志摩图传》的说明和书信中的具体叙述，留学法国巴黎的张嘉莹，应该是遵照姐夫徐志摩来信所示，在德国和波兰驻巴黎领事馆“代劳”替徐志摩办理途径德国和波兰返回中国的“护照”。但麻烦的是，“德波”两国的领事馆办理护照“竟厚颜逼费”，也就是讨要高价，弄得只好先由“代劳”者徐志摩的妻弟张嘉莹“垫费”。“穷斯为滥，料谅此也”，有点儿像指责“德波”两国领事馆办“护照”的处所之有失规范的滥局。但再读下面一句“承垫费，迟日即寄”，又觉得以上八个字的“穷斯为滥，料谅此也”又像是徐志摩状述自己的穷酸，说自己存放于妻弟处的费用太少，请其原谅。“迟日即寄”，是对妻弟表态说“你帮我垫支的办理护照的费用，稍晚几天就汇款”。

再往下徐志摩谈“佛城天气”，坐实徐志摩这时在意大利的佛罗伦萨，而且这年“春来”至今一直就在这里。“费吐奇遇”是意大利语，含义是“加鸡蛋的面制品”。

因为罗马那地方随处可见“费吐奇遇”即“加鸡蛋的面制品”，导致徐志摩“益令萦念”在罗马时日常生活的方便。

书信正文最后的“幼仪已安抵德京，有电来报”，证实这封信的写作年份就是张幼仪赴德留学的1921年。也证实了徐志摩送张幼仪上了开赴“德京”柏林的车后，即返回“佛城”即意大利的佛罗伦萨。广西民族出版社1991年印行的五卷本《徐志摩全集》第五卷所附曾庆瑞撰写的《新编徐志摩年谱》中，所载录的“秋，张幼仪一人赴德国柏林求学，徐志摩陪送到柏林，不久返回伦敦”，要依据这封书信的现场细节记录改订。因为，徐志摩该信已经明白地证实了：张幼仪赴德求学是这年的四月底即春末，同时也没有发生“徐志摩陪送到柏林,不久返回伦敦”的事。史实是：张幼仪“安抵德京”后“有电来报”，徐志摩再从意大利佛罗伦萨写信寄到法国巴黎通报给张嘉莹的。

细赏该信黑白手迹件，看到笺纸右侧有“叔华”的签名，就在“志摩”署名的下方。肯定地说，这封书信凌叔华没有机会参与署名或写作。反复观看，原来此信所使用的笺纸是凌叔华绘图后印制的彩笺。这就把徐志摩与凌叔华的交往朝前挪移了好多年，至少证实了徐志摩在 1921 年 5 月已经在使用凌叔华绘图的批量印刷的彩笺了。

线装本《志摩的诗》题词

龚明德

海宁市徐志摩研究会2015年10月“为纪念《志摩的诗》首版九十周年”，斥资由浙江古籍出版社“按原大影印”出版了这部“仿宋聚珍线装本”，用纸是宣纸，封面用的也是瓷青纸，可谓古色古香。在该影印本“重印后记”中编者介绍说：“衬页背后印有四字：‘献给爸爸’。”见到由河南文艺出版社2018年3月彩印出版的大十六开硬精装三卷本《中国现代文学初版本图鉴》，在“简介”该“仿宋聚珍线装本”时，也介绍说：“书前有作者题词：‘献给爸爸’。”无论是专门研究徐志摩的机构如海宁市徐志摩研究会，还是以研究与徐志摩创作相对应时段的文学为专业范围的专职大学教授且为该专业博士生导师两位，面临仅有十多年创作年份的徐志摩创作，对于没有完全准确掌握的硬性史实细节,也只能是“一说便错”。“仿宋聚珍线装本”《志摩的诗》卷首页的题词“献给爸爸”，不可以凭常识就判定是“印”上去或由作者徐志摩亲笔“题词”。

巧在用毛笔写这四字题词的本人正好有过认定，这个人就是著名女作家凌叔华。凌叔华在 1982 年 10 月 15 日写给陈从周的信中，明确地说：“我手中还保留志摩第一本诗集（是连史纸印的），上面题字‘献给爸爸’也是他请我代题的！”这一段话的最后，用了一个惊叹号，当为凌叔华的刻意强调。这封凌叔华的书信见之于陈从周《谈徐志摩遗文——凌叔华致陈从周的信》中，此文初收 1985 年 4 月花城出版社初版陈从周散文集《春苔集》一书中。后来，由四川文艺出版社印行的《凌叔华文存》和其他相关图书，也收入了这一封书信。

除了凌叔华的自我认定，细辨“献给爸爸”这四字题词的书法特点，也毫无徐志摩毛笔字的特点。徐志摩的毛笔字不难见到，他的毛笔字要饱满奔放酣畅一些，而这由凌叔华写的四个字，女性运笔的秀美端庄是显而易见的。当然，有了凌叔华的出面声明，就不必再去做无意义的马后炮似的分析了。至于为什么一定要“请”凌叔华写这四个“献给爸爸”的题词，也不宜多作空泛的分析，比如请张幼仪、陆小曼或林徽因几个人中的任意一个来写都合适。但或许在《志摩的诗》的作者看来，徐“爸爸”对凌叔华的文才和一笔秀美端庄的毛笔字特别欣赏吧。

仍是在上述由浙江古籍出版社重版影印的“仿宋聚珍线装本”《志摩的诗》正文之前，还加印了又一件题词，是徐志摩亲笔写给已经离异了的前妻张幼仪的。2018 年 3 月商务印书馆出版的《远山——徐志摩佚作集》和 2019 年 10 月也由商务印书馆印行的十卷本《徐志摩全集》第四卷，都先后收入了这件题词，根据徐志摩手迹的释文都是一样，为“幼仪：这小集，是我这几年漂泊生涯的一帖子果实，怕没有熟透，小心损齿！　志摩　九月上海”。

然而，对照着徐志摩题词手迹，对上述不足 40 个字的释文，还得细致考究。手迹上因年代久远，“小集”后脱落了一个字，依据文义应该是脱落了一个字“子”，是“小集子”；单说“小集”，还在“小集”后补加了一个逗号，总觉得怪怪的，同时在徐志摩已有的其他文本中又找不到例证。徐志摩有使用“集子”的习惯，如《〈轮盘〉自序》开篇头一句就是“在这集子里”、在《〈猛虎集〉序》头一句也是“在诗集子前面说话”。

释文还有一处初次看到就觉得别扭的“一帖子果实”，不仅在徐志摩的著述中找不到除此之外的“一帖子”搭配词例，就在通常的书面文字和语言交流中也没见过听过。在徐志摩 1925 年 9 月 15 日写给胡适的书信手迹中发现一处“点缀”的“点”，与这题词中被释为“帖”字的笔法和笔势走向完全一样。去查阅徐志摩的散文名作《想飞》，最末一个自然段中就有一处“一点子”，即“同时天上那一点子里的已经迫近在我的头顶”；又在徐志摩 1924 年 11 月写的《死尸》译序中也看到了“那一点子机灵儿”。回头再去仔细辨认被马虎者们释作“一帖子”的“帖”那个字，正是上面的左“里”右“占”和下了脱落了四点成为空白的繁体字“點”的异写即异体字。

如此一番翻检查核和比较，徐志摩赠张幼仪线装本《志摩的诗》上的题词的释文应该可以定下来了，就是“幼仪：这小集子是我这几年漂泊生涯的一点子果实，怕没有熟透，小心损齿！志摩 九月上海”，因为只有这样才完全读得通，也符合徐志摩的语言表述习惯。

好在关于徐志摩的话题都是让人感到兴味十足的，即属于“经典话题”一类，何况又是关于诗人徐志摩自己与其红颜知己女作家凌叔华和前妻美眉张幼仪的旧日雅致的“文事”，真还算说者愉悦、听者也乐意听而不觉得啰唆。

线装本《志摩的诗》的印行

龚明德

以研究中国新诗史料闻名的刘福春2006年6月在作家出版社印行了一部《中国新诗书刊总目》，他在书中把线装本《志摩的诗》的出版时间定为1925年9月；但在另外一部书中，又说是1925年8月。这不能怪刘福春粗心，去查看该书原本，上面就没有标明该书的印行时间。

好在当年出版的《现代评论》和《晨报附刊》尤其是《现代评论》在相应时段的期刊上，登有《志摩的诗》系列消息。略作梳理，便可将诗人徐志摩这一本人生首部诗集的出版时间的具体年月敲定。

1925年2月7日出版的《现代评论》第一卷第九期，在第二页用大半篇幅发表《现代丛书出版预告》，首批共四种书目，“第二种”就是“徐志摩的第一部诗集”《志摩的诗》。

为了引起读者更大程度的关注，《现代评论》社刘光一以个人名义该年三月九日《晨报附刊》第二、第三版中缝发表了《志摩的诗》相关情况：

> 这是徐志摩亲自选定的一本诗集；在这小本子里就只光光的几十首自制的新体诗，书头没有序言，书背没有跋文，诗行间没有注解，就有一两处却并不因为他的诗特别的贵重，这倒的确是为印书成本的关系——呕心血作诗赚不了钱，印出去还得自己贴钱，那可是太惨了，这层也得请买主们原谅。这诗集是上海中华书局代印的，约一月内可以出版，印得的本数不多，外埠最好预订，省得支配不均匀，有信可以寄北京大学现代评论社刘光一君。

一个多月后，刘光一又以个人名义在该年4月18日出版的《现代评论》第一卷第19期18页登出《关于〈志摩诗〉》的启事，全文为：

近来收到很多的信问《志摩诗》几时出版，我不能一一奉复，在这里回答几句。《志摩诗》还在印刷中，出版后售实价，并无预约办法。出版日期和书价将来在《现代评论》上宣布。

然而，等到该年 7 月 5 日出版的《现代评论》社印行头 26 期合订本时，现代丛书第一种和第三种在封底满页广告“出版了”，“第二种”《志摩的诗》仍毫无音讯。直到该年 8 月 22 日出版的第二卷第 37 期《现代评论》第 2 页现代文艺丛书四种书目广告中第二种《志摩的诗》后括注“一星期内发售”。

但好事多磨，一个星期过去后的该年 8 月 29 日出版的第二卷第 38 期《现代评论》仍在寸土寸金的第 2 页广告道：

现代社文艺丛书第二种《志摩的诗》出版了，印刷愆期，抱歉得很，正在起制封套，下星期起在现代评论社（北大第一院）发卖。书印两种，宣纸

> 厚本定价一元四角，白连史纸的定价一元，却是聚珍宋字精印的线装书，狠不讨厌，到书不多，买客从速。志摩的诗，无须介绍，这集子是他自己选定的，有不曾发表的多首。

终于等到了“现代社文艺丛书第二种《志摩的诗》出版了”的广告，还是登在《现代评论》寸土寸金的第2页开首部位，时间是该年9月5日第二卷第39期，广告文字和上一次广告的后半相同。细读表述的口气，应是徐志摩手笔。但也很可惜，为《志摩的诗》做过两次署名广告的刘光一却在该年9月2日去世了，三天后12日出版的《现代评论》第二卷第40期发表了《悼刘光一先生》的短文，写及刘光一“功绩”之一是“在社务方面之计画经营”，自然包括了《志摩的诗》之营销策划。

到次年6月25日出版的《现代评论》第三卷合订出版时，封二的全页广告中已是大快人心的好讯息：

> 《志摩的诗》，徐志摩的第一部诗集，定价一元，

第一版已售罄，正拟再版。正拟再版。

回头再说徐志摩托上海中华书局代印的线装本《志摩的诗》的准确出版时间，可以确定为 1925 年 8 月；若要再细化到具体哪一天，就是前引广告中的时间了。至于线装本《志摩的诗》卖完的时间却只存在于《现代评论》当年的第三卷合订本封二中，1999 年 11 月岳麓书社影印全套《现代评论》八卷本时已经丢失了这些重要信息，自然是遗憾了。还有线装本的定价连史纸印本每本一元、宣纸本每本一元四角，也是当年的天价了！须知，当年的全勤保姆一个月的工资也就两元啊。

在线装本《志摩的诗》出版后的 1925 年 9 月，徐志摩正在上海，他忙着签名送书。我们现在可以知道的，徐志摩送出的该书，就有送给张幼仪、冰心和凌叔华三个人的。送给张幼仪的一本，徐志摩在扉页上的题词是“幼仪，这小集，是我这几年漂泊生涯的一点子果实，怕没有熟透，小心损齿！志摩　九月上海”。虽然离了婚，两人还是如此交往。送给冰心的一本，徐志摩的扉页题词是“芜言一册

奉　冰心哂存　徐志摩　九月上海”冰心的名字后面没有写女士等，表明两人的关系不陌生。送给凌叔华的一本该书，是凌叔华自己1982年10月15日写给陈从周的书信中说的：“我手中还保留志摩第一本诗集（是连史纸印的），上面题字‘献给爸爸’也是他请我题的！”有了凌叔华的这个当事人的回忆，线装本《志摩的诗》前面那一页上的“献给爸爸”四个字，我们就不要说是印的了，应该说是凌叔华的墨迹。

一九三〇年年底徐志摩一封残信

龚明德

手迹见于《中国嘉德国际拍卖有限公司2009春季拍卖会图录》的徐志摩一封书信前半部分，有240字，全录如下。

适之兄嫂：

你们去了十多天，还不曾通信，一切想都安好。北京对你们的欢迎是可想而知的，上海少了适之，就少了很多，平社比方说就不曾开过会。笔会这星期日开会，沈雁冰、达夫等都允到，你在北京亦可着手组织。上海一班文人似乎颇吃醋，有一张攻击我，说我一人包办，这是《申报》宣传的反响。我意思以后此项宣传可以无须，我们自己多出几个真够“笔员”资格者是真的。说起《诗刊》第一期，定于年内出版，你赶快寄东西来，还赶得上。我很想你加入，因为一来助兴，二来你是前辈英雄，不可不到。中大两小诗人陈梦家、方玮德十分起劲也……

已有人将此残信的写作时间定为1930年12月，这里对写信年月的推算是可信的。其实硬抠胡适相关日记上的时间，还能进一步弄明白徐志摩该封书信约写于哪一天。

残信正文开头的“你们去了十多天”中的“十多天”，在习惯口语中应是“十二三天”，超过“十五六天”就要说“近二十天”。胡适是1930年11月28日上午“九点后开车”离开上海“北行”的。他这一天的日记中有：“今早七点起床，八点全家出发，九点后开车。到车站来送别者，有梦旦、拔可、小芳、孟邹、原放、乃刚、新六夫妇、孟录、洪开……等几十人。在上海住了三年半（1927年5月17回国住此），今始北行。此三年之中，我的生活自成一个片断，不算是草草过去的。此时离去，最舍不得此地的一些朋友，很有惜别之意。”上前天的日记胡适写出“最舍不得此地的一些朋友”中“最不能忘者是高梦旦先生，其次则是志摩、新六”，还有张元济即“菊生先生”，而且认为“能常亲近梦旦、菊生两公，是我一生的大幸事”。

上录胡适日记写及“到车站来送别者”均为文化界一时俊彦，如汪孟邹和汪原放是大出版家、“新六”是学者徐新六。这些胡适的友人，大多也是徐志摩的友人。徐志摩说的“平社”和“笔会”，应该是胡适、徐志摩与一帮文化友朋和同行们邀约周日聚会，规模不大，因为“文学社团”类工具书上找不到登录。依徐志摩信中所说，胡适在上海的三年半中，“平社”和“笔会”一般都是如期举行。细查这个松散的文化群体的参与人员当年的日记和书信，还可以钩沉出“平社”和“笔会”的详况。不可小看，这个群体的每个成员都是当时领先类型的或一学科的厚实个体，而且他们有纸媒阵地即自办了报刊，也有舆论发表舞台即大学讲堂，这些人大都是大学教授，也都是或一方面的专家。

照上面的推测，此信应写于 1930 年 12 月约 11 日，这一天是胡适“去了”的第二周的星期四。胡适“去了”即离开上海后头一周“平社”不曾开会，第二周被徐志摩记住了，他在“十多天”胡适走后的第二周周四邀约“笔会”会员周日聚会，连茅盾和郁达夫也“允到”。也可以说真是大事，——茅盾和郁达夫在当时已是著名作家，他们能出席徐志摩主持的“平社”周日例会，说明了三十四岁的徐志摩的确有自己的号召力。

去查阅详尽的茅盾和郁达夫的年谱，这一天即 1930 年 12 月 14 日他们的行踪均为空白。一般地讲，徐志摩亲自通知、茅盾和郁达夫都“允到”了的聚会，应该会实施的。

还有一件硬性史实，徐志摩说上海报章“有一张攻击我，说我一人包办”，也可以查一下相关报刊把它落实下来，以使徐志摩的生平史料更显丰满、更具细节化。

徐志摩致李惟建一信

龚明德

安徽的黄山书社 1994 年 12 月印行的一套四十二册本的《胡适遗稿及秘藏书信》第三十二册，和杭州的西泠印社 2004 年 5 月出版的一函五册本的《徐志摩墨迹》第四册，都收有一封徐志摩写给李惟建的书信手迹，很漂亮的行草，影印得非常清晰，稍加细心赏读，都会觉得不难辨认，全信释文如下。

惟建我兄：

得书借知 诗侣已自西湖迁回沪上，至以为慰。北来正逢东省大事，心如悬旌，竟不能作事，每日心烦自恼，不知如何乃可。 兄等在南，想亦有同感。承询译莎翁事，函到适胡先生已南行，或 兄已与见面谈过，亦未可知。此函到时，胡先生当仍在上海，其寓址可由洵美得之，能与面定一切最妥，因此业乃胡先生独立主政者也。庐隐近来有何作品，久不见颇想念也。此念

双佳。

志摩　十月二十六日

此封徐志摩书信的受信人李惟建，是四川成都人，1907 年 7 月生、1981 年 11 月在成都去世。1930 年 8 月，经过两年半的苦苦追求，李惟建与比他大九岁的女作家庐隐终于结为婚配。婚后，庐隐立即辞去北京师范大学附属中学的教职，与李惟建双方东渡日本；但终因经济不支，年底只好回国。在杭州住了一段时间后，移居上海。徐志摩书信中的“得书借知　诗侣已自西湖迁回沪上”，就是指这件事；雅呼“诗侣”，指庐隐和李惟建夫妇。

信中说的“译莎翁事”，当指李惟建准备翻译莎士比亚的戏剧剧本交付出版，以便及时得到生活上急需的费用。但徐志摩没对这件事情表示态度，赶紧让李惟建迅速联系

前不久刚刚自北京赴上海的胡适直接交涉："能与面定一切最妥，因此业乃胡先生独立主政者也。"

包括"译莎翁事"等在内的译事，胡适的日记有一些载录。如胡适1930年8月13日所载录的："实秋、一多、太侔来。我请他们先拟一个欧洲名著一百种的目,略用'哈佛丛书'为标准。"从语气看，"此业乃胡先生独立主政者也"所言不虚。一年后，胡适又在1931年9月26日的日记中载录："十二点，子高和我邀一班物理学者餐叙，谈翻译物理学书的事，到者：丁西林、叶企孙、吴正之、萨本栋、王守竞、严济慈、丁绪宝。今天谈的很好，六个人（除丁绪宝君）都允担任译书。"从胡适这一天的日记推测，他这回"独立主政"的该套翻译著述，规模比较大。"其寓址可由洵美得之"，是告诉李惟建如果要去找胡适，可以从诗人邵洵美处得到胡适下榻的旅馆。

收有这封书信的已见多种徐志摩著作的排印本上，发现该信共同的手迹辨识差错有六处：第一处是"借知"误为"藉知"，规范简化字中"藉"作"借以"讲时不能用"藉"，只可以用"借"；第二处是"迁回沪上"的"迁"

被错误地辨识为“边”，繁体字的“遷”和“邊”不注意确实会混淆，但人家徐志摩是写得明明白白的；第三处“心如悬旌”被错误地辨识为“心如热旌”，徐志摩手迹中“懸”也是写得清清楚楚的，再说“心如热旌”在意思上是不成立的；第四处“函到适胡先生已南行”中的“适”是“刚巧”，被武断地妄改为“时”，或许以为是同音字误写；第四处“此业”的“业”的繁体字，辨识不出这个字就用了一个方框；第六处是“庐隐”的名字，被误为“卢隐”，徐志摩手迹写得很清楚，同时人名是固定搭配，不得随意改变的。短短的一封书信，弄成了这个样子，叹叹。

以上所说的“收有这封书信的已见多种徐志摩著作的排印本”，其中就包括 2017 年 4 月浙江古籍出版社印行的“增补本”《徐志摩书信新编》，给这一封书信加了一个题注，说“此信摘自中国社科院近现代研究所图书馆藏胡适档案中”，简直神乎其神，其实我们弄研究的不就是需要一个作者亲笔书写手迹的影印件足矣。而这封书信的手迹影印件就收在《胡适遗稿及秘藏书信》和《徐志摩墨迹》两套书中，本文一开始也说了。就是这一种精装厚部头的“增补本”《徐志摩书信新编》，本该“集大成”弄得无差错的，结果也是“心如热旌”、也是“此口”和“卢隐”地一塌糊涂，还要炫耀出“中国社科院近现代研究所图书馆藏胡适档案”的植入广告！就凭“此业乃胡先生独立主政者也”的“此业”弄成“此口”，我敢说编者没有见到他们所说的什么什么研究所图书馆藏胡适档案，他们根本不知道在哪里。

还有，在徐志摩这封书信手迹中，提及受信人时其前都有空字表示尊敬，也应该依据手迹照空，如书信开始的“诗侣”前就有一处空格，最好也空出一个字的位置来。

“胡适版”徐志摩诗《灰色的人生》

龚明俊

1923年10月12日，徐志摩正想作诗，不料郭沫若携其长子回访徐志摩，待郭走后，徐志摩才作成。徐志摩在日记里写道：“沫若入室时，我正在想作诗，他去后方续成。用诗的最后的语句作题——‘灰色的人生’，问樵倒读了好几篇，似乎很有兴会似的。”这里的“问樵”疑似胡适，但查不到胡适有这个字号或笔名的资料，一时难以落实。

称疑似，是因为徐志摩写完《灰色的人生》，当天就拿给住在上海沧州旅馆的胡适看，胡适日记上有及时的载录，“晚上，邀志摩来同餐，谈诗至半夜”。13天后的10月25日胡适在日记中再一次记下当时的情境：“他带了一首《灰色的人生》来，我读了大赞叹，说‘志摩寻着了自已了！’……志摩见我赞叹此诗，他也很高兴”。

在十月二十五日的日记中，胡适对徐志摩才情和现状给予理智而深刻的剖析，认为徐“对于诗的见解甚高，学力也好，但他一年来的作品，与他的天才学力，殊不相称”，如《努力》上发表的《铁柝歌》，尽管徐称其为“精心结构之作”，但成绩“实不甚佳”。现在读到《灰色的人生》，才觉得徐的“天才与学才都应该向这个新的，解放的，自由奔放的方面去发展”。

两人在旅馆的“诗论”，对徐志摩产生了较大影响。后来徐志摩写出诗作《天宁寺闻礼忏声》，胡适在日记中称“此次《天宁寺》一诗，他说也是因为我的赞叹《灰色的人生》，他才决定采用这种自由奔放的体裁和音节，此诗成绩更胜于《灰色的人生》，志摩真的被我‘逼上梁山’了！”在这天日记里，胡适还对当时打断徐志摩写诗兴致的郭沫若有独到的见解，认为郭“是朝着这个方向走的；但《女神》以后，他的诗渐呈‘江郎才尽’的现状”。有此判断，足见胡适非凡眼力。

《灰色的人生》尚未出生就遇上郭沫若的“打扰”，出生后又遇胡适的盛赞，因胡适的赞美而使徐志摩“很高兴”，新作不断。这，堪称中国现代诗坛佳话。

有趣的是，胡适还为《灰色的人生》奉献了一个独特的版本。因为胡适在 10 月 25 日日记抄下了整首诗，且称之为“胡适版”。如果安徽教育出版社 2003 年 9 月出版的《胡适全集》排版、校对完全尊重手稿，不出任何差错的话，那么胡适所抄就是除了徐志摩手稿、《努力周刊》第七十五期初刊之外的又一重要版本了。

胡适所抄与 1923 年 10 月 21 日《努力周刊》刊载（下称“初刊”）、1925 年 8 月中华书局代印的《志摩的诗》所收（下称“初版”）均有异文，异文主要在诗的第三节。且录“胡适版”第三节，异文加着重号并附注。

我只是狂喜地大踏步地向前——向前——口唱着暴烈的，粗伧的，不成章的歌调：（初刊、初版为“粗伧的不成章的歌调”，中间无逗号）

来，我邀你们到海边去，听风涛震撼太空的闳雄；（初刊为“空大的闳雄”，初版为“大空的声调”）

来，我邀你们到山中去，听一柄利斧斫伐老树的铮铮；（初刊即“铮铮”，初版为“清音”）

来，我邀你们到密室里去，听残废的，寂寞的灵魂的呻吟；

来，我邀你们到云霄外去，听古怪的大鸟孤独的悲鸣；（初刊为“地”，初版为“的”）

来，我邀你们到民间去，听衰老的，病痛的，贫苦的，残毁的，受压迫的，烦闷的，奴服的，懦怯的，丑陋的，罪恶的，自杀的——和着深秋的风声和雨声——合唱的“灰色的人生”！（初版第二个破折号为感叹号“！”，其他版本均为破折号）

十月十二日（初刊有落款，初版删）

其一，胡适版中的“太空”，初刊为“空大”，初版为“大空”，估计为误排，未被校出；初刊“闳雄”，初版修改为“声调”。后续版本采用“大空的声调”。胡适“太空”误笔可能性较大。其二，“铮铮”，初版修改为“清音”，后续版本采用“清音”。胡适版本应是忠实徐志摩手稿。其三,“孤儿的悲鸣”中的“的”“地”之改,无须多言。其四，几处标点，“粗伧的，不成章的歌调”，初刊、初版均无逗号；“罪恶的，自然的——”，发表时为“罪恶的自然的，——”，初刊、初版均为“罪恶的，自然的——”；又“风声和雨声——合唱的”中的破折号，仅见初版变成感叹号“！”，当系误排，未被校出。日记中徐诗落款“十月十二日”，与初刊一致，初版及以后多数版本未予标示。

文字上的变化，当是出于音韵和谐，意境优美的考量。“闳雄”“铮铮”读来显得生硬，意境不太谐调，换成“声调”“清音”，与“呻吟”“悲鸣”等词则更加和谐，浑然一体。不过上有“歌调”下句出现“声调”,难免重复之嫌。当然新诗诞生不久，有些许问题正常，何况胡适说，徐志摩就是要“自由奔放”呢。

“空大”当是被误排，“大空”一词在徐志摩作品中多次出现，如《得林克华德〈林肯〉》中有“正如夏日的层云骤雨不可抵御的掩塞了大空”,《丹农雪乌》中有“谐音在大空中回落着”，诗《我有一个恋爱》中有“大空中永远有不昧的明星”，诗《海咏》中有“这空间的伟秘，这层云薄幕大空！”，徐译《罗米欧[①]与朱丽叶》中有“否则我就会打开，‘爱姑’藏匿着的岩穴，使她震动大空的妙舌也帮着我叫唤，叫我的罗米欧，直到她的嗓子哑过我的。”

《灰色的人生》在写罢后的第九天即10月21日，刊于《努力周报》第75期。胡适写日记，有粘附剪报、个人诗作记入日记的习惯，但从异文看，此文并非剪报，当是抄录徐志摩手稿，或凭记忆而写。抄录徐志摩新写的诗，不在首次读诗的当天，而在写成后第十三天、发表后第四天，这个版本就有其独到之处，自然是徐研宝贵材料，也说明他发自内心地重视这首诗。

① 即罗密欧，下同。

徐志摩何时陪杜里舒游泰山

龚明俊

徐志摩在《太戈尔[①]来华的确期》一文中提到于1922年10月至1923年7月来华讲学的德国哲学家杜里舒，虽简短两句也有趣："杜里舒虽则也有太太，但他的胖太太！与其说，她伺候老爷，不如说杜老爷伺候她！"这话不像取自名人轶事或他人转述，当是有交往后的总结。杜里舒在华期间和徐志摩有交集吗？

从杜里舒由"讲学社"梁启超邀请、张君劢陪同并担任翻译等，及梁、张与徐的特殊关系看，杜徐见面极有可能。但手边徐志摩传记、年谱中未发现相关记载。解开谜团，还得感谢王统照。他在1923年7月6日所写、初刊是年7

① 即泰戈尔。

月 11 日“晨报附刊”《文学旬刊》第五号的论文《文学的作品与自然》一文中，提供了徐志摩、杜里舒交往的铁证：“前几日我同了张君劢，瞿菊农，徐志摩诸人，陪着杜里舒博士夫妇，由济南往游泰岱。除了杜氏夫妇外，我们在泰岱极峰玉皇顶上宿过一宵。”因此徐志摩的话是陪同杜里舒夫妇的观察所得，就有依据了。

王文提到的徐志摩、王统照、瞿菊农、张君劢讨论“文学的作品与自然”等内容自然重要，因为这可以见出徐志摩、王统照等人的文学观，同时徐志摩等人此行的准确时间也是值得关注的宝贵史料。“前几日”，说明是在 6 月 27 日至 7 月 3 日间，即作文之前三至九天，6 月底 7 月初；“宿过一宵”说明在泰山玩了两天。只是这时间仍有点模糊，有待进一步精确。

顺着“王统照”这条线索，在知识出版社 2010 年 1 月出版的“中国文学史资料全编现代卷”之《王统照研究资料》年谱中，有一条更清晰的线索，即 1923 年一则谱文：“六月末，同瞿菊农、徐志摩等陪同杜里舒博士夫妇，由济南往游泰岱，写成《泰山下宾馆之一夜》《日观峰上的夕照》

等诗。”据此，游泰山时间约在6月27至30日间。

此则谱文里两个标题作用大。不查不知道，一查吓一跳，在山东人民出版社1982年6月出版的六卷本《王统照文集》第四卷，先入眼的是《日观峰上的夕照》一诗落款“1923.2.30日”（原文如此），与年谱所载该文写作时间相差并提早了四个月，很奇怪。查1923年7月21日《文学旬刊》，落款为“十二,六,三十日”即1923年6月30日，方知《王统照文集》编校出错。

《泰山下宾馆之一夜》落款“1923.6.27.夜不眠早四钟写”，四钟，即四时。这次不轻信《王统照文集》，查“文学研究会丛书”、商务印书馆“中华民国十四年十月初版”、收有此诗的王统照诗集《童心》。诗题“泰山下宾馆中之一夜”，页眉上题“泰山下之一夜”；初版《童心》题为“泰山下宾馆中之一夜”；《王统照文集》中此诗题目无“中”字。再往后看1923年8月11日《文学旬刊》上初刊落款“十二,六,二七夜不眠早四钟写”后详注：“在泰岳下的宾馆中，一夜失眠，清风却暑，皎月如银色涂窗，四钟起借电灯力书此，遂披浴衣趋庭外，时高与云齐的泰岱群峰皆于晨雾中，吸清气如饮甜醪，缓步草际，凉露湿衣，只远远闻得农夫同上田陇时微隐。其景清绝，然再作一诗，便穷思不得了。”虽是晚“穷思不得”，而三天后又有《日观峰上的夕照》出。

至此，徐志摩、王统照等人年谱，可增加两日行踪：“1923 年 6 月 26 至 27 日，陪同前来中国讲学的哲学家杜里舒及其夫人，由济南前往泰山游览。杜里舒夫妇于 26 日离开，徐志摩、王统照、瞿菊农、张君劢等人当晚在极峰玉皇顶上的宾馆住宿，其间大家讨论‘对于泰岱的感想如何？文学上对于自然印象的描写如何？情感与外象的关连’等话题。事见王统照文《文学的作品与自然》。”

徐志摩等人，是在杜里舒即将结束中国讲学归国时陪其游泰山的。在 20 世纪 20 年代，到中国讲演的“四大名哲”——杜威、罗素、泰戈尔和杜里舒，其中罗素、泰戈尔与徐志摩交往广为人知，杜里舒与徐志摩的交往则少有提及。徐志摩作品极少提及他。刊于 2009 年第五期《前沿》的王伟凯、张益宁文《论杜里舒哲学在中国的传播》，同年第十期《文教资料》龙国存文《浅析德国哲学家杜里舒对近代中国时代的精神的影响》，在梳理杜里舒中国之行时均未提及徐志摩，亦从一个侧面佐证在杜里舒来华的日子里，徐志摩不像泰戈尔来华时那样扮演重要角色，顶多算一个不必提及的“配角”。

云　游

——诗人徐志摩之死

张云鹏

“诗歌的意义和预言十分相似，一般来说，和先知的直觉差不多。诗人——预言家通过有魔力的词句和形象使人得以触及一个陌生而神奇的世界的奥秘。”

——（德国）诺瓦利斯

志在摩天

徐志摩在散文《想飞》的最后一段这样写道：“同时天上那一点子黑的已经迫近在我的头顶，形成了一架鸟形的机器，忽地机沿一侧，一球光直往下注，砌的一声炸响，——炸碎了我在飞行中的幻想，青天里平添了几堆破碎的浮云。”这篇散文发表于1926年4月19日《晨刊副刊》，后收入《自剖文集》，距离《想飞》发表五年后，他也像散文中所描写的古希腊神话中因为飞得太高而被太阳烤化了翅膀坠海而死的伊卡洛斯（《想飞》中称之为“挨开拉斯”（Icarus）一样，在从南京飞往北京途中在济南城外的西大山坠机身亡，诗人的生命便永远定格于1931年11月19日。他1931年7月写成的诗《云游》，同样具有预言的性质：“那天你翩翩的在空际云游，/ 自在，轻盈，你本不想停留 / 在天的那方或地的那角，/ 你的愉快是无拦阻的逍遥……”

作家梁遇春以《KISSING THE FIRE（吻火）》为题纪念徐志摩，谈诗人留给他的印象。“三年前，在上海的时候，有一天晚上，他拿着一根纸烟向一位朋友点燃的纸烟取火，他说道：‘Kissing the fire’。这句话真可以代表他对于人生的态度。人世的经验好比是一团火，许多人都是敬鬼神而远之，隔江观火，拿出冷酷的心境去估量一切，不敢投身到轰轰烈烈的火焰里去，因此过个暗淡的生活，简直没有一点的光辉，数十年的光阴就在计算怎么样才会不上当里面消逝去了，结果上了个大当。他却肯亲自吻着这团生龙活虎般的烈火，火光一照，化腐臭为神奇，遍地开满了春花，难怪他天天惊异着，难怪他的眼睛跟希腊雕像的眼睛相似，希腊人的生活就是像他这样吻着人生的火，歌唱出人生的神奇。这一回在半空中他对于人世的火焰作最后的一吻了。”梁遇春是徐志摩在北大英文系任教时的学生和《新月》月刊的作者之一，对于徐志摩的认识自然比一般朋友要细腻深刻一些。

徐志摩的故乡好友，后任中央图书馆馆长的蒋复璁也称徐志摩之死为“火遁”。据他回忆，之所以把徐志摩安葬于硖石东山万石窝，是他向徐志摩的父亲徐申如建议的，因为徐志摩喜欢东山。徐志摩也多次在他的诗和散文，以及写给朋友的信中描绘东山的风景，蒋复璁就曾和他一起在东山下的三不朽祠里住过。也有学者考据出徐志摩字槱森，有燃烧森林祭天的意思。其意出自《诗经·棫朴》“芃芃棫朴，薪之槱之”。（译文：棫树朴树多茂盛，砍作木柴祭天神。）这恐怕有点后知后觉式的附会之嫌，但《说文解字·木部》中的确有“槱，积火燎之”的意思。据笔者研究，印度诗圣泰戈尔为徐志摩所取得梵文名字“素思玛”

或许出自徐志摩名字的谐音，而对应了古印度摩揭陀国频婆娑罗王长子修私摩（Sushim，意译为善结。）的故事。作为长子，本应由修私摩继承王位，却被同父异母的弟弟阿育王和大臣陷害而死于非命。也有人认为“素思玛”出自孟加拉语，是“雅士”或“月光宝石”的意思。

如果以上属于文字式谶语，其他关于徐志摩之死的预言和先兆在后来亲人和朋友们的回忆中也屡见不鲜。如陆小曼回忆，在南京登机前徐志摩曾写了一封短信给他，说“头痛不欲行”，而且的家中墙上挂着的徐志摩照片恰巧在坠机的当日无故跌落摔碎了玻璃，此均为不祥之兆。徐志摩在最后一次离京南下的前一晚访林徽因不遇，给她留的便条上写着“定明早六时飞行，此去存亡不卜……”，引起了林徽因“心中一阵不痛快”，忙给他打了一个电话。徐志摩回电话说“你放心。”“很稳当的，我还要留着生命看更伟大的事迹呢，哪能便死？……”回京前一晚，刘半农邀请好友聚会，徐志摩亦在座。他接到飞机准确出发的后电话告诉席间友人：“我明早八点北飞。明晚此时，当与小曼共饭也”。刘半农打趣地说：“飞空之戏，君自好之，我则不敢尝”。徐志摩则说：“危险在所难免，我自甘之。我苟飞死，君当为我作挽联。”刘半农笑而答应，想不到一语成谶。徐志摩的好友韩湘眉在《志摩最后的一夜》中也回忆了他们最后一晚在南京见面时的对话，谈到当晚她忽然若有所感的用英语问徐志摩：“志摩！ Suppose Something Happens Tomorrow（明天会出事吗？）”徐志摩则笑着反问她：“你怕我死吗？”韩湘眉又问他：“你这次乘飞机，小曼说什么没有？”徐志摩开玩笑回答她：“小曼说，我若坐飞机死了，她做 Merry Widow（风流寡妇）。”当晚，杨杏佛也在坐，他接嘴用英语说道：“All Widow are Merry（凡是寡妇皆风流）。”前一晚，徐志摩访杨杏佛不遇，写了一张便条给他：“才到奉谒未晤为怅，顷去湘眉处。明早飞北京，虑不复见。北平闻颇恐慌，急于去看看。”徐志摩遇难三日后，杨杏佛在便条旁题跋：“志摩于二十年（1931 年）十一月十九日下午二时在山东党家庄附近之开山飞机遇祸，此为其十八夜六时半过访不遇时所留之手笔。当晚在湘眉处狂谈至十二时始归。翌晨八时即北飞。競武云，志摩晨起即赴飞机场，十分匆促。故知所书为绝笔也。二十年十一月廿一日。”便条中的“虑不复见”与韩湘眉回忆中所说：“杏佛还来，志摩是不来了！”都暗含玄机，仿佛彼此都感知了人生最后的诀别。

云游天外

放下“玄学”暂且不表，仅从当年的新闻报道中就可知诗人之死在中国的影响。现在仍可看到当时不论大报小报都报道了徐志摩坠机的噩耗，虽然左翼报刊有些幸灾乐祸甚至嘲讽的口吻，但不能否认这是1931年秋天继“九一八事变”后在中国最为引人注目的消息了，有人甚至形容徐志摩之死是中国丢失了东三省后失去的又一省。在徐志摩遇难及逝世一周年前后的日子里，各大报如《民国日报》《中央日报》《大公报》《晨报》《申报》《益世报》《新闻报》等都刊发了消息或作连续报道。1931年11月20日，北平《晨报》刊发消息称：“京平北上机肇祸，昨在济南坠落！机身全焚，乘客司机均烧死，天雨雾大误触开山。【济南十九日专电】十九日午后二时中国航空公司飞机由京飞平，飞行至济南城南卅里党家庄，因天雨雾大，误触开山山顶，当即坠落山下，本报记者亲往调查，见机身全焚毁，仅余空架、乘客一人，司机二人，全被烧死，血肉焦黑，莫可辨认，邮件被焚后，邮票灰仿佛可见惨状不忍睹……”在确定遇难人员身份后，《晨报》又发了号外："诗人徐志摩惨祸【济南二十日五时四十分本报专电】京平航空驻济办事所主任朱风藻，二十早派机械员白相臣赴党家庄开山，将遇难飞机师王贯一、机械员梁璧堂、乘客徐志摩三人尸体洗净，运至党家庄，函省府拨车一辆运济，以便入棺后运平，至烧毁飞机为济南号，即由党家庄运京，徐为中国著名文学家，其友人胡适由北平来电托教育厅长何思源代办善后，但何在京出席四全会未回。”

《北大学生周刊》也发布了消息："本校英文系教授徐志摩先生，于十一月二十日由京搭乘济南号飞机北返，飞抵山东党家庄遇雾，误触开山（案二十三日北平晨报载谓：济南号飞机并非触于山顶，系汽油缸渗漏，司机人员无从发现，且由徐开时，总公司报告济南天气迟误，致有此变），机坠被焚身死，噩耗传来，全校为之震痛！”1931 年 11

月 21 日，《大公报》的标题为“济南号触巅惨剧，徐志摩与难。航空界之大不幸！文学界之大损失！”同日，《中央日报》也以“京平线济南号飞机失事记：死机师及徐志摩等三人，公司办理善后损失十五万。”为题报道了济南号空难。徐志摩最后的身份即是英文系教授教授，他急于搭乘济南号邮政班机飞回北京，除了赶听林徽因在协和礼堂为外国驻华使节作一次关于中国古代建筑史的演讲外，另一个原因是请假期间请人代课必须按时赶回，还有一原因也在他南下前给陆小曼的信中提到，即要赶回北大与同人相约表达对于“九一八事变”日军突袭沈阳企图以武力征服中国的抗议。原信内容中写道：“我此行专为看你；生意能成故好，否则我也顾不得。切走颇不易，故即成行亦须于三五日内赶回，恐你失望，故先说及。”徐志摩最后一次南下除了看望生病中的陆小曼，另有一事即为蒋百里买房做中介，此时的蒋百里因被蒋介石怀疑与唐生智密谋反蒋而被关押于南京陆军监狱。徐志摩 11 月 11 日南返，18 日又匆匆飞回北京，实际是身不由己，诸事缠身，半年之中第七次的南北奔波了，前半年他的母亲生病直至去世，以及陆小曼生病的诸多原因他已来回奔波了六次。

济南城外的一声巨响，炸碎了徐志摩“在飞行中的幻想”。济南号坠毁于济南，本身就是一件离奇巧合的时间。此次空难距中国航空公司的成立才一年半的时间。1929 年 5 月 1 日，中国航空公司宣布正式成立。1930 年，中国航空公司从美国购买了六架这种飞机从事航空邮政工作，分别命名为“北平”“徐州”“蚌埠”“济南”“天津”“沧州”。“济南号”失事地点正好在津浦铁路旁边，飞机坠落时正被一个路警看到，随即打电话报告给党家庄站站长，再由站长通知了中国航空公司济南办事处，中国航空公司接报后，第二天派美籍飞行员安利生赶往出事地点调查原因，并办理善后事宜。航空公司同时通知了飞行员和徐志摩的家属，据说陆小曼闻此噩耗当即昏厥过去不省人事，后派翁瑞午赶往济南协助处理后事。徐志摩的父亲闻讯也是悲痛不已，由于年事已高只有托付张幼仪来处理这突如其来的变故。张幼仪因离婚之故不便出面便与张家兄弟商议，随即由四哥张嘉璈通知济南中国银行行长何象百赶往失事地点料理一切事务，张嘉璈时任中国银行副总裁。另由八弟张嘉铸带着徐志摩年仅13岁的儿子徐积锴也赶往济南，张家兄弟以张幼仪二哥张君劢和八弟张嘉铸与徐志摩关系最为密切，即使徐志摩与张幼仪离婚后，他们的友谊仍持续不断，时常往来。同时闻听徐志摩遇难赶往济南的有好友从青岛来的沈从文，从北京来的梁思成、金岳霖、张奚若，从南京来的郭有守、张慰慈等，他们先到刚刚上任不久齐鲁大学校长朱经农家会合，再赶往徐志摩灵柩的暂存处寿佛寺凭吊。徐志摩遇难及后事料理以沈从文的回忆文章《友情》最为详尽，徐志摩生前对沈从文提携照顾较多，令他很是感激，沈从文曾说："没有徐志摩，我这时节……不到北平去做巡警，就卧在什么人家的屋檐下，瘪了，僵了，而且早已腐烂了。"

后来，沈从文还写了多篇文章，对徐志摩的诗文和精神给予了高度评价。1935年12月，徐志摩逝世四周年时，沈从文在自己主持的《大公报·文艺》副刊上组织了一期徐志摩纪念特刊。

1931年11月23日，《大公报》以"徐志摩柩昨晚运沪"为题报道："又徐志摩灵柩，二十二日由齐大校长朱经农、中国银行行长何象百照料，由党家庄运济，停寿佛寺，当晚运沪。”徐志摩灵柩途经南京时有蔡元培及徐志摩好友、中央大学教授张歆海等发起组织的教育界同人七八十人到下关天泰码头会齐，过江到南京站路祭诗人。徐志摩的故乡好友何竞武将军登车抚棺痛哭，两人从小在硖石即为好友，何竞武的女儿何灵琰还是徐志摩陆小曼的干女儿，徐志摩在南京登机的前一晚就住在何竞武家中，转眼之间天人两隔，怎不令人扼腕痛惜。关于何竞武的为人，徐志摩曾写有文言文小说发表在沪江大学的校刊《天籁》上，标题为《记骆何堃全谊事》，讲述了青年何竞武勇于担当，为暴病而亡的军校校友尽心尽力料理后事的义举。骆何堃，为何竞武的本名，他原籍浙江诸暨，后移居硖石。后考取湖北陆军中学，保定陆军军官学校而入伍，因英勇善战，被授予中将军衔，1930 年 3 月被委任为平汉铁路管理局局长。

南北公祭

据报道，徐志摩的灵柩运抵上海后暂存于胶州路万国殡仪馆，随即由文化界、教育界友人发起在威海卫路中社成立了徐志摩先生治丧处，安排徐志摩治丧事宜，推定江小鹣、王文伯、孟寿椿、宋春舫、潘光旦、邵洵美、董任坚、戈公振、罗隆基等主持一切。徐府也于1931年11月21日、22日、23日连续三天在《申报》所发讣告："敬启者：本宅少主志摩先生于本月十九日由京乘济南号飞机赴平，当日午后二时途经济南党家庄附近遇雾出险，惨遭不测。本宅主人申如老先生命孙公子积锴谳赴扶柩回沪，择日设祭谨，此讣告。——硖石徐慎思堂账房谨启。"

据1931年11月23日《申报》报道，最早为徐志摩举行追悼仪式的是世界笔会中国分会。11月22日，笔会开会时起立静默三分钟，向笔会发起人徐志摩表示哀悼，并决定发行徐志摩纪念特刊。到会者有：叶誉虎、章行严、宋春舫、程演生、曾虚白、罗隆基、孟寿椿、赵景深、沈旭庵、曾今可、汪翰章、陈志群、邬翰芳、戈公振。11月25日举行徐志摩入殓仪式，前往吊唁者有三百余人。徐志摩亲友和治丧处在中社会商，筹备于两星期内举行追悼大会并拟举行公祭仪式，由新月书店出版志摩纪念专号。1931年12月17日、18日、19日连续三日《申报》刊登了《公祭诗人徐志摩先生公告》："徐志摩先生公祭已订于本月二十日假静安寺路静安寺举行，凡属先生知好预备参加者，无论个人或团体务请于本月十八日以前通知敝处，俾得预订祭程并免临时拥挤。威海卫路中社徐志摩先生治丧处。"

1931 年 12 月 20 日，公祭诗人徐志摩仪式在静安寺举行，12 月 22 日《申报》报道："新诗人徐志摩，于上月十九日，乘济南号飞机赴平，在济南附近开山失事遇险，灵柩运沪后，即停厝万国殡仪馆。昨日在沪西静安寺开吊，上午八时起，吊客络绎不绝。礼堂满饰灯花，中为诗人半身像，高二丈余，奕奕神姿，栩栩欲活，厅屋三进，四周悬挽联。蔡孑民、叶玉虎、张啸林、梅兰芳、褚民谊、徐新六氏等，均有唁辞。尤以徐新六氏一联最切当，句云：'轮盘永传，新月长悬，虽死难忘裘丽亚；猛虎未除，翡翠终冷，此恨当伴曼殊斐。'盖集诗人作品书名而成者。公祭团体，有新月同人，光华全体学生，笔会同人，中社同人，时代印刷公司，龙马影片公司及中公诗社同人等。徐氏生前故好，亦皆到齐，又银行界、法律界、文艺界中人，如叶恭绰、张公权、徐新六、谢寿康、罗隆基、王文伯、张慰慈、潘光旦、吴经熊、应时、杨杏佛、戈公振、钱瘦铁、陈小蝶、韩湘玫、唐瑛、江小鹣、张光宇、邵洵美、张振宇、林徽因、孟寿椿氏等，往来招待，极形忙碌。闻其灵柩，不久即运归硖石原籍。但其挚友蔡孑民、叶玉虎、杨杏佛、胡适之氏等，并将发起用公葬仪式，现正作筹备中。”前来参加徐志摩追悼会的人，各受赠一张书签式的卡片以资留念，卡片上有徐志摩的头像和诗句。龙马影片公司还派人为公祭仪式拍摄了电影纪录片，不知这部珍贵的纪录片现在仍存世否？

北京大学的徐志摩追悼会早于上海，于 12 月 6 日（星期日）上午 11 时在马神庙北京大学二院大礼堂隆重举行，几日前《北京大学日刊》即发布了“徐志摩先生追悼会公告”。据《京报》23 日报道：“徐志摩追悼会，昨在北大二院举行，胡适演说悲哀沉痛。中国著名诗哲徐志摩，前乘飞机被难，徐氏在平友人昨日上午十一时特在北大学二院大礼堂，召开追悼大会。到胡适、丁文江、周作人、马裕藻、樊际昌、傅斯年、翟永坤、冯友兰、许君远、朱希祖、马珏、江绍原、张慰慈、张奚若、江秀冬、刘复等，中外男女来宾七百余人，礼堂布置颇精美，四周罗列各所送花圈，中悬徐氏遗像，开会后，由外人奏徐氏生前爱听之哀乐二曲，悲哀动人，会场中多有泣下者。首由丁文江致哀辞，报告不以旧仪式追悼徐氏之意，次胡适演说，悲哀沉痛，溢于言表。略谓，志摩生平在文学上之贡献，不限于诗，散文、通讯中亦有其特殊之风格。以最适当之字，在最适当之组织中写作品，其创造之能力，不幸于正在成熟之际，与我人悄悄而去。志摩为人直率，犹如儿童。对友不欺言，人人爱之。其生平以‘爱’‘美’‘自由’为人生观，又具有勇往直前之牺牲精神。一日尝晤余云，今年水灾初息，国难又起，痛苦已极，愿在战场为国捐躯，不愿再受种种之烦闷。诗人之情感想受刺激，遂驾飞机，以刺激解决烦闷，虽已解决，但留无限痛苦，予吾人尤可痛者，即志摩死于‘诗’一成熟之时，尚未充分发展其个性，最后引徐氏吊哈代诗一节，以作纪念诗云：‘现在他去了，再不说话，他听这四野的静，你爱忘了他就忘了他，天吊明哲的凋零。’词毕，全体起立静默三分钟，散会。会场空气，极为严肃悲壮云。”

魂归故里

关于徐志摩何时归葬故乡，以往大部分引用陈从周所编的《徐志摩年谱》，年谱中 1931 年 11 月记载："明春硖石各界开追悼会，即葬该地东山的万石窝，同里张阆声书碑，碑文是'诗人徐志摩之墓'。"其实若细观年谱便会发现前后矛盾，徐志摩的安葬日在冬天而非春天。在 1907 年大事记中即收录了硖石开智中学教师张仲梧（树森）的《祭志摩文》，祭文开篇即云："维中华民国二十一年，岁在玄默涒滩辜月之望，越十有三日庚申宜祭之辰，谨以只鸡斗酒之奠，致祭于志摩同学徐君之灵曰：……""玄默"应作"玄黓"，《尔雅·释天》："（太岁）在壬曰玄黓。""涒滩"是申的别称，《尔雅·释天》："（太岁）在申曰涒滩。"合起来"玄黓涒滩"即壬申年的别称。"辜月"即农历十一月的别称。"辜月之望，越十有三日庚申"即十一月十五后又过了十三天，查万年历 1932 年 12 月 25 日圣诞节正是壬申年壬子月庚申日，如此文言文的迷魂阵正可显示白话的势在必行。为徐志摩书写碑铭的张阆声即曾任浙江图书馆馆长、西泠印社社长的张宗祥。虽然碑上落款的时间为“中华民国三十五年仲冬”，但实际立碑的时间要到1948年的清明前后，徐志摩父母的碑同为张宗祥手书。

其实民国报刊关于徐志摩的归葬和周年纪念公祭都有过报道，目前可见到的安葬日期为1932年12月某日《燕京报》的报道：“新诗人徐志摩先生，原籍浙西硖石镇，为徐申甫先生之长子，去岁十一月十九日，因乘飞机失事而死，闻者莫不惜之。一般新诗人，更以其作风之伟大，表示痛悼。诗人之死，顺将一年，其尊人于本月二十四日为之卜葬于硖石镇审山之阳，该处土名‘万石窝’，亦一风景甚佳之地。万石窝中葬诗人，亦可稍慰诗魂矣。”另有一篇题为《徐志摩墓》报道描写了墓的方位及形制：“徐先生墓，在硖石万石窝，自去岁开工迄今，渐将工竣。墓为半圆形，拾级而上，颇具曲折，中置徐氏余体，用白石砌成，成长方形，背山面水，风景万千。如来凭吊者，可由横头街东行数十步即达，如跋涉东山，则破费足力也。”据此可知，徐志摩的安葬日期为1932年12月24日，或许次日在硖石西山的梅坛举行了海宁各界的公祭诗人典礼。

在徐志摩逝世一周年之际，以蔡元培等为首发起了周年纪念公祭活动，并连续数日在《申报》刊登《徐志摩先生周年纪念公祭启事》:“本月十九日为徐志摩先生逝世周年纪念之日，同人等拟于是日上午由沪乘九时十分特快车往硖石徐先生柩前致祭，下午五时四十一分快车回沪。凡徐先生亲友愿参加公祭者，请准时乘车，在硖石站聚齐同往，此启。发起人：蔡元培 徐新六 杨杏佛 王文伯 李青崖 潘光旦 张歆海 全增暇 章克标 邵洵美 郁达夫同启。”《时代》及《申报图画周刊》等报刊刊登了公祭活动的照片。

自此以后的三五年，每逢徐志摩逝世的日子，总会在一些报纸杂志看到相关纪念活动的消息或文章，直至 1949 年后国体变更，文化生态也随之发生了巨变，诗人逐渐被遗忘了。“文革”结束，有识之士重提徐志摩故居的开放和墓园修复。1983 年清明，徐志摩新墓园在硖石西山白水泉上方重建，1999 年中秋，干河街徐志摩故居修复并对外开放。但位于西南河保宁坊的徐氏祖居却在 2000 年的旧城改造中永远地消失了，2012 年初万石窝徐志摩墓旧址被重新发现并确认。

“当我死去的时候，亲爱的，/ 你别为我唱悲伤的歌，/ 我坟上不必安插蔷薇，/ 也无需浓荫的柏树；/ 让盖着我的青青草，/ 淋着雨也沾着露珠，/ 假如你愿意，请记着我，/ 要是你甘心，就忘了我。/ 我再见不到地面的青荫，/ 觉不到雨露的甜蜜，/ 我再听不到夜莺的歌喉，/ 在黑夜里倾诉悲啼 。/ 在悠久的昏暮中迷惘，/ 阳光不升起也不消翳；/ 也许，我还记得你，/ 也许，我把你忘记。”只要诗还在，诗人就永远地活着。徐志摩翻译的这首英国女诗人克里斯蒂娜 · 罗塞蒂的代表作《歌》和他的名作《偶然》《云游》一样表达了他的逍遥自在的个性和人生观。“你已飞渡万重的山头，去更阔大的湖海投射影子！”《云游》中这两句诗是他的想象也是他的归宿……

挽联·挽诗·祭文

徐申如

考史诗所载，沉湘捉月，文人横死，各有伤心，尔本超然，岂期邂逅罡风，亦遭惨劫；

自襁褓以来，求学从师，夫妇保持，最怜独子，母今逝矣！忍使凄凉老父，重赋招魂。

陆小曼

多少前尘成噩梦，五载哀欢，匆匆永诀，天道复奚论，欲死未能因母老。

万千别恨向谁言，一身愁病，渺渺离魂，人间应不久，遗文编就答君心。

查猛济

司勋绮语焚难尽；

仆射余情忏较多。

郁达夫

其一

新诗传宇宙，竟尔乘风归去，同学同庚，老友如君先宿草。

华表托精灵，何当化鹤重来，一生一死，深闺有妇赋招魂。

其二

两卷新诗，廿年旧友，相逢同是天涯，只为佳人难再得。

一声河满，九点齐烟，化鹤重归华表，应愁高处不胜寒。

蔡元培

谈话是诗，举动是诗，毕生行径都是诗，诗的意味渗透了，随遇自有乐土。

乘船可死，驱车可死，斗室生卧也可死，死于飞机偶然者，不必视为畏途。

江小鹣

前身原是飞仙，四海倦游归，忽驾长风上青冥；

故国不堪回首，百年应有恨，未能投笔向辽阳。

张惠衣

平生具绝世风华，试看几卷新诗，宛如月逗孤云，花散文锦；

一死亦半空霹雳，传与千秋遗事，惨遇赋鹏贾传，抱石灵均。

郑午昌（昶）

太息浮生同落叶；

本来才调是飞仙。

杨杏佛

红妆齐下泪，青鬓早成名，最怜落拓奇才，遗爱新诗双不朽；

小别竟千秋，高谈犹昨日，共吊飘零词客，天荒地老独飞还。

陈梦家

泰山其颓乎？志摩魂飞九霄而何曾颓。

梁木其坏乎？志摩誉播万邦而何曾坏。

哲人其萎乎？志摩精神不死而何曾萎。

朱起凤（丹九）

有志竟成，藉甚声名蜚北海；

斯文将丧，褒然冠冕毁南州。

何家槐

继往开来，卷帙永留人世，

瞻前顾后，诗魂常绕泰山。

费寅（景韩）

惨矣祸诗人，天未丧文，道竟坠地；

壮哉成烈士，气冲霄汉，名满寰区。

梅兰芳

归神于九霄之间，直看噫籁成诗，更忆招花微笑貌；

北来无三日不见，已诺为余编剧，谁怜推枕失声时。

钱新之（永铭）

豪情跌宕，文采风流，新月新诗广陵散；

逸兴遄飞，黄泉碧落，奇人奇死破天荒。

张孝若

中国诗人独数君，一飞竟报丧斯文。冰霜哀乐都成梦，文采风流最不群。

猛虎集成传绝笔，开山顶上作天坟。年来家国无穷感，野哭哀鸿未忍闻。

志摩吾兄之丧，既悼以一文一联，意有未尽，复成一律句，书而系于花环以挽之，哀意仍未尽，更作二绝以吊诗人：

残冬绝塞望辽阳，月黑天低敌正强。举世无愁巢下覆，奈何竟死党家庄。

驰名海国信无伦，肝胆论交见性真。天外恒河云树净，伤心更有老诗人。

叶恭绰

粉碎向虚空，昆玉真惊成并尽，

文章憎命达，云鹏应悔不高飞。

又挽诗云：

志摩之变，酸辛累日。闻遗蜕至沪，乃勉为一诗以述其哀。世变至此，生存本无意义，然不料志摩解脱之速，且其遇之酷也。尘世无常，生死事大，吾徒宜知其警焉。

两仪塞祸殃，万流同一酷，岂意吾志摩，翻空出奇局，焚身委风火，血肉迷川谷，性命呼吸间，一息不可续，哀哉星星焰，遂烬昆冈玉，趋死有百途，何辜此涂毒，恨不死沙场，稍雪为奴辱，盍不死洪水，全归犹瞑目，天地本不仁，祸福相倚伏，赋君一何优，夺之复何速，修短纵有数，景命胡太促，乱世死亦佳，胡效共工触（飞机触山峰以致祸），御风良快意，讵乃趋岱录（地近泰山），云鹏甘低飞，何期遇却曲（飞机以低飞肇事），仪容犹在眼，缄扎赫盈椟，遂已判幽明，往迹无由复，顾增膏兰感，自处穷雁木，逝益自念，万恨垂胸腹，文囿莽萧萧，月色沉南陆（君于《新月》杂志屡有撰述），高名虽永在，歼良恨难赎，残魂倘归来，望断开山麓（地名开山）。

黄炎培挽诗

天纵奇才死亦奇，云车风马想威仪。
卅年哀乐春婆梦，留与人间一卷诗。
白门衰柳锁斜烟，黑水寒鼙动九边。
料得神州无死所，故飞吟蜕入寥天。
新月娟娟笔一枝，是清非薄不凡姿。
光华十里联秋驾，哭到交情意已私。